呂蒙正與宋代「新門閥」

王章偉 著

三民書局

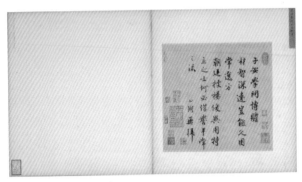

呂公弼書〈子安帖〉

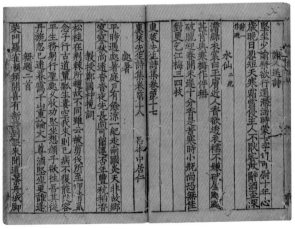

南宋刊刻呂本中《東萊先生詩集》

1963 年的臺灣電影《呂蒙正拋繡球》報紙廣告

2020 年於臺北市大稻埕戲院登臺的《呂蒙正》，由河洛
歌子戲團獻演

宋太宗立像

宋真宗坐像

宋仁宗坐像

宋哲宗坐像

宋徽宗坐像

宋高宗坐像

宋理宗坐像

文明叢書序

　　起意編纂這套「文明叢書」，主要目的是想呈現我們對人類文明的看法，多少也帶有對未來文明走向的一個期待。

　　「文明叢書」當然要基於踏實的學術研究，但我們不希望它蹲踞在學院內，而要走入社會。說改造社會也許太沉重，至少能給社會上各色人等一點知識的累積以及智慧的啟發。

　　由於我們成長過程的局限，致使這套叢書自然而然以華人的經驗為主，然而人類文明是多樣的，華人的經驗只是其中的一部分而已，我們要努力突破既有的局限，開發更寬廣的天地，從不同的角度和層次建構世界文明。

　　「文明叢書」雖由我這輩人發軔倡導，我們並不想一開始就建構一個完整的體系，毋寧採取開放的系統，讓不同世代的人相繼參與、撰寫和

編纂。長久以後我們相信這套叢書不但可以呈現
不同世代的觀點，甚至可以作為我國學術思想史
的縮影或標竿。

2001 年 4 月 16 日

憶念林富士老師——代序

　　最不想知道的消息，終於來臨！2021 年 6 月 22 日深夜，心神有些震亂……我本來沒有每天檢閱「臉書」的習慣，當時卻突然想上網翻看朋友的近況，誰料竟看到富士老師的臉書發下消息：老師「已乘願而去」。

　　那一夜，輾轉反側，悲傷難眠。

　　我與「文明叢書」結緣，始於向林富士老師問學。2004 年我在香港大學取得博士學位，論文題目為〈在國家與社會之間——宋代巫覡信仰研究〉。在大師兄何冠環教授的鼓勵下，遂籌備將拙稿出版。不過，我一向接受的都是正統史學訓練，論文中卻大量運用自學的人類學、宗教學、社會學、民俗學等理論，心裡總是有點擔憂，怕自己閉門造車，研究成果或許禁不起考驗。因此，我想請一個前輩專家斧正，給我「不留情」的批評。

香港並沒有研究巫術歷史和巫覡信仰的學者，而我在進行研究時，林富士教授的巫史巨著一直是我的重要明燈，於是我在 2004 年 2 月的一個晚上，寫了一封電子郵件給林富士教授，冒昧地請他審閱我這篇長長的論文。結果，很快我就收到老師的回信，他很謙虛地說自己對宋代巫史並無認識，加上中央研究院歷史語言研究所的行政工作很忙碌，只能匆匆將我的論文翻看一下，認為史料堅實，理論沒有問題，鼓勵我無須猶豫，應該立即出版。

想不到，富士教授後來又傳來多封熱情的電子郵件。他一方面以副所長的身分邀請我到史語所的禮俗宗教研究室作學術報告，同時又以「文明叢書」執行編委的名義，建議我將博士論文另外改寫成通俗著作，由他安排在臺灣三民書局出版。於是，我就趁暑假之便，專程從香港飛到臺北，在 2005 年 7 月 28 日以「淫祠與邪神——宋朝政府對巫覡信仰的重塑」為題，在史語所作了

一個報告。會議結果很成功，叫我感動的是，恩
師陶晉生教授（中央研究院院士）雖然當天身體
有點不適，也特地到南港來支持我；而富士教授
的夫人——畫家倪曉容女士也聽畢全講，對我鼓
勵有加。

2005 年 7 月 28 日「淫祠與邪神——宋朝政府對巫覡信
仰的重塑」討論會後於臺北南港中央研究院歷史語言研
究所（左起：林富士夫人倪曉容女士、林富士教授、筆
者、恩師陶晉生院士）

　　我到史語所作報告前一天，先拜見林富士教授，問學談道。他當時工作很忙碌，在史語所大樓「東奔西跑」，魄力驚人。我住在中研院的學術活動中心，晚上富士教授偕同夫人到來，請我到餐廳吃飯。雖然是首次見面，曉容女士卻很關心我，言談間知道我沒有在香港的大學裡教書和作研究，覺得很是可惜，竟然當面向富士教授說，史語所應該羅致我這個「人才」。這突如其來的建議，叫我震動……我徐徐向他們解釋，我在香港的工作雖然辛苦，但薪酬很可觀，加上家庭原故，婉拒了夫人的好意。不過，那一刻我心裡十分感激，初次體會到夫人的溫婉善良。從此，「林富士教授」就變成「林富士老師」，「曉容夫人」也成為「曉容師母」，雖然分隔臺港兩地，但十六年來這段師生情分卻是細水長流。

　　2005年，我的博士論文在香港出版，而通俗版則以《文明世界的魔法師——宋代的巫覡與巫術》為題，有幸列入三民書局的「文明叢書」系

列之 12，2006 年在臺灣出版。想不到，這本小書
很受臺灣讀者歡迎，曾經位列暢銷書榜，看來三
民書局的金字招牌最是重要；而我在宋代巫史研
究能夠奠下地位，全因富士老師的鼓勵與支持。

　　2018 年，曉容師母不幸因病辭世，富士老師
傷痛欲絕。8 月 6 日，我到臺北探望老師，卻不
知如何安慰他……認識老師的人都知道，他們夫
妻鶼鰈情深，結果老師也鬱出病來，可是他卻沒
有告訴我。2019 年 8 月暑假，我知道富士老師手
術後已搬到中研院的學人宿舍，於是在 8 月 13 日
到南港去探望他，看見老師消瘦了不少，吃午飯
時要自行打針，我心裡難過不已。富士老師跟我
談到，未來還要完成關於「檳榔」和「祝由科」
的兩個研究計劃，希望可以盡快成書出版，了卻
亡妻的期盼心願。我知道，富士老師對師母的思
念，是時間不能抹走的。

　　富士老師知道我在工餘時仍持續進行研究和
筆耕，很是高興。他認為我除了發表學院式的專

精論文之外，也可多寫一些普及性的著作，為一般讀者做點貢獻。最後，富士老師邀請我再次為「文明叢書」寫一部小書。我深受老師感動，毅然答應下來，準備以年幼時的偶像「呂蒙正」為本，析論科舉與中國社會結構變化的關係。不過，回港以後，因為謀生事繁，加以香港社會日趨動盪，我的心情很差，除了翻看一些相關書籍外，遲遲未肯動筆。可是，我萬萬想不到，那年暑假跟富士老師一別，從此卻無法再見……

　　因為新冠肺炎肆虐，臺港交通受阻，2020年的暑假我無法到臺北探望富士老師，只靠電子郵件及「臉書」互通消息。我一直很擔心富士老師的病情，可是老師卻回覆說問題不大，後來在「臉書」上才提及他到臺大醫院複診的情況，我開始感到不安。11月2日好友范家偉教授來電，告知富士老師的情況似乎不太樂觀……於是，接下來的大半年，我一面與富士老師互通消息，另一面無論工作如何忙碌，下班後也斷斷續續開始寫《風

雪破窯——呂蒙正與宋代「新門閥」》，我心裡隱約知道：時間不多了。

　　2021 年 4 月 21 日，《風雪破窯——呂蒙正與宋代「新門閥」》初稿終於完成，我立即用電子郵件傳送給富士老師；5 月 29 日，我們在「臉書」的 "Messenger" 上通訊，富士老師傳來了一幅藍天紅花的照片，這是我們最後的對話：

我：
天朗氣清，花兒很美，是好兆頭呢！

富士老師：
夏天了，祝你精神和日子都過得火紅。

我：
老師也一樣，身體健康，龍精虎猛。

接下來的一個月，老師就再沒給我回覆訊息了……

富士老師的離去，我既心痛又不捨。其實，富士老師比我只年長五歲，但無論是學養和品德，他一直都是我的學習模楷；他們夫妻待我恩重如山，卻想不到這麼早就離我而去。不過，我知道，老師終能跟師母在天上相聚，再續恩愛前緣，那是他渴望的心願和歸宿，我為他倆祝禱。

據本書編輯告知：「林富士老師在過世前仍掛心本書的出版，並推薦中研院史語所的專家教授審閱。」相信讀者會明白我心裡感激之情。我與「文明叢書」二度結緣，全是富士老師之力。此外，兩位匿名評審人指正了本書中的缺失並提供詳細有用的參考資料，筆者深領；大師兄何冠環教授及摯友范芷欣小姐細讀了全書，給予不少修正的建議，提高了內容和文字的趣味與可讀性，是最有力的支援。

富士老師曾跟我說 ：「能從容離世就很幸福

了，都是天命，無喜亦無懼！」我沒有老師的悟
性，但知道他的確如此。

王章偉

2022 年 4 月 5 日清明節

香港屯門「珊蠻書室」

風雪破窯

——呂蒙正與宋代「新門閥」

楔　子

風雪破窯
——民間記憶裡的呂蒙正

　　說到呂蒙正 (946～1011)，時下年輕一代認識
其人其事的不多。然而，在華人社會裡，關於呂
蒙正的天定姻緣及鯉躍龍門的故事，卻是大家共
有的民間記憶，聽來並不陌生：

　　　　洛陽富家劉員外的女兒月娥拋繡球招親，
　　　窮書生呂蒙正與同學寇準 (962～1023) 湊
　　　熱鬧經過彩樓，繡球幸運地落在呂蒙正懷
　　　裡，雀屏中選，天賜良緣。不過，劉員外

嫌棄呂蒙正潦倒貧窮，月娥卻堅持要嫁給他，劉員外一怒之下將女兒及女婿趕走。呂蒙正於是偕同妻子回到自己的破窯裡居住，夫妻二人過著貧困的生活。

呂蒙正空有滿腹學問卻懷才不遇，只能在街頭賣文為生，每天往白馬寺趕齋求食。劉員外憐惜女兒，為刺激呂蒙正奮發向上，於是請求白馬寺的住持在吃過齋飯後再敲鐘提醒他，自己更到破窯去搗毀女婿的砂鍋，讓其撲空受辱，然而暗地裡卻透過寇準資助呂蒙正一家的生計。

呂蒙正不堪羞辱，別過妻子，與寇準上京投考科舉。十年後呂蒙正終於高中狀元，回鄉任官。為了試探月娥，他先請媒婆向妻子訛稱自己已死，勸其改嫁；月娥嚴詞拒婚後，蒙正又假裝未能中舉，落泊回到破窯。劉月娥並沒有嫌棄丈夫，呂蒙正深受感動，講出實情，夫妻於是往白馬寺燒

香謝神還願。

劉員外得悉呂蒙正衣錦榮歸，趕到白馬寺跟女兒女婿相認，卻遭蒙正拒斥。適逢寇準任官路過，說出當年真相，父女翁婿間終於和好，大團圓結局。

或許，大家早已不知道呂蒙正是誰；或許，「飯後鐘」、「破窯守困」和「窮不過蒙正」等諺語早已被人遺忘。但「家貧→中舉→良緣→升官發財」這種成功模式，讀者都耳熟能詳；「書中自有黃金屋，書中自有顏如玉」，中國人傳統以為讀書考狀元是最好的發跡途徑，呂蒙正的故事就是最典型的例子，是老套卻影響深遠的人生道理。

呂蒙正是宋代 (960～1279) 名相，生平事蹟有不少記錄。有趣的是，史傳記述的是呂蒙正之相業，而民間傳說卻多著意其生平異事，例如宋代筆記小說提到有個「陰聲塚」，陰天下雨時「塚中有歌樂之聲」，呂蒙正未中舉前曾經路過，墳墓

中竟有聲音說：「宰相到來，暫時停止歌樂。」另一則故事則記載呂蒙正為舉人時，寄居在京師的建隆觀，其臥床突然有異物長出，高三四尺，蓬鬆合抱，原來是槐樹的根伸延到屋裡來。結果呂蒙正高中狀元，未及十年就位至宰相，故人們以為這是祥瑞。這類神異傳說，宣揚天命因果，跟魏晉時代的志怪小說很相似，可見當中的敘事傳統。不過到了南宋，志怪總集《夷堅志》沒有收錄呂蒙正的異事奇聞，庶民社會裡的瓦舍勾欄也未見演說其故事，民間記憶似乎已忘記了呂蒙正。

　　奇怪的是，到了元代 (1271～1368)，有關呂蒙正的故事卻突然流行起來，其中有三部最重要的雜劇都以他為主角，即關漢卿（約 1229～1300）的《呂蒙正風雪破窯記》、王實甫（約 1260～1336）的同名作品，及馬致遠（約 1250～1321）的《呂蒙正風雪齋後鐘》，南戲裡亦有《呂蒙正破窯記》。元雜劇又稱為北雜劇、北曲或元曲，是在宋雜劇和金院本的影響下，融合了各種表演藝術

形式而成的一種完整的戲劇，其結構上最顯著的特色是「四折一楔子」和「一人主唱」。元雜劇不旦豐富了在民間傳唱已久的故事內容，而且廣泛地反映了當時的社會情況，是元代民眾最喜愛的文藝形式之一。關於呂蒙正的元曲因為年代久遠散佚，存世只餘下王實甫的 《呂蒙正風雪破窰記》，我們前面簡述的故事也本源於此。

　　千年前的人物，今天大眾還可以略說其一、二故事，戲劇是傳遞這種民間記憶的最重要媒介，自元雜劇、明傳奇一直至近世的地方戲曲等都是。關漢卿、王實甫及馬致遠有關呂蒙正的雜劇都有相同的角色和情節，應該是源於同一個故事傳統，從中或可反映表演藝術透過娛樂生活在庶民記憶中的陶鑄作用。事實上，即使電影和電視等現代媒體大行其道後，有關呂蒙正的劇目仍然在其中廣為傳播，例如粵劇名伶任劍輝 (1913～1989) 和吳君麗 (1934～2018) 主演的電影《呂蒙正祭灶》1956 年在香港上映，哄動一時，到今天還可以在

網路商店上買到其原裝光碟；筆者年幼時也是看到電視重播這齣粵語長片，留下了深刻記憶，至今不忘。崑劇時常演出的有《彩樓記》，其中由上海崑劇名角蔡正仁和張靜嫻演出的《彩樓記・評雪辨蹤》可以在 YouTube 看到，故事說劉夫人暗中派人接濟呂蒙正夫婦。另福建梨園戲有《呂蒙正・過橋入窯》，也可在網路上看到。有趣的是，本書行將完稿之際，河洛歌子戲劇團即於 2020 年 10 月 31 日及 11 月 1 日假臺北大稻埕戲苑獻演《呂蒙正》，大獲好評。

透過戲曲代代相傳的這種民間記憶，情節多屬虛構，當中人物也多有乖張失實，例如呂蒙正的兩任妻子是宋氏與薛氏，其生母才姓劉，歷史上根本沒有劉月娥其人；而他與寇準更非學友，呂蒙正先登太宗（趙炅，939～997）太平興國二年 (977) 狀元，寇準則是太平興國五年 (980) 一榜的進士，他們之間其實有很激烈的政爭。此外，京劇和豫劇傳統劇目裡的《狀元媒》，說新科狀元

呂蒙正與八賢王破解了柴郡主的詩意，撮合了她與楊六郎的姻緣。案楊六郎即宋初抗遼名將楊業（？～986）的長子楊延昭（958～1014），歷史上沒有記載呂蒙正與「楊家將」有什麼淵源，而八賢王（戲曲裡演說的是太祖〔趙匡胤，927～976〕第四子趙德芳〔959～981〕）與柴郡主的傳說更是紛亂（史傳亦未見有柴郡主其人）。不過，隨著網路的勃興，全球資訊氾濫，電子遊戲及影音串流平臺盛行，年輕人的娛樂方式因而急速變化，地方戲曲在臺灣和香港等華人社會裡的影響力也日漸衰微，新生代既無暇亦沒興趣認識箇中的真相，這種不符史實的民間記憶也許將消失殆盡。

衣冠最盛──歷史中的呂氏家族

　　中國人談到一個家族的源流，一般都習慣或喜歡追溯到遠古的老祖宗，這既顯示考證論述嚴謹，亦反映其族的郡望門第；如果說的是本家，

更可突出自己是聖賢之後,地位非比尋常。呂蒙正的七世族孫呂祖謙 (1137～1181) 為曾祖父呂好問 (1064～1131) 立傳時,也是這樣交代呂氏家族的源流:

> 呂氏系出神農……下逮隋唐,或封或絕。五代之際,始號其族為三院。言河南者,本後唐戶部侍郎(呂)夢奇;言幽州者,本晉兵部侍郎(呂)琦;言汲郡者,本周戶部侍郎(呂)咸休。其昭穆疏戚,世遠軼其譜,而河南者祖為最盛。

不過,「或封或絕」、「昭穆疏遠,世遠軼其譜」等說法,正好反映資料不足,除了替自家臉上貼金外,相關論述的意義其實不大;而「呂姓三侍郎」的後裔在宋代也未見有互通聲氣,顯然他們也並非真的出於同一始祖,相信只是攀附之說罷了。

呂蒙正的先世據說因居於東萊(今山東省萊州市),世稱「東萊呂氏」;入宋後呂家已遷居於

洛陽，故人稱「河南呂氏」，頗有唐代 (618～907)「郡望」之味。所謂「郡望」，是「郡」與「望」的合稱，「郡」指行政區劃，「望」指名門望族，二者合起來即表示某一地域裡的名門望族。魏晉南北朝 (220～589) 至隋 (581～618) 唐時代的世家大族最重視「郡望」，以此而別於其他同姓之族，突出自己的尊貴地位。有些西方學者因此以為，宋代「河南呂氏」是由唐代世族大姓綿延持續而成的「專業精英分子」家族。案呂家雖非布衣平民出身，但其族絕不能與唐代的高門如「清河崔氏」、「范陽盧氏」、「趙郡李氏」或「琅邪王氏」等相比，《舊唐書》和《新唐書》均不見載他們的活動，而其族人姓名事蹟最早可考者為呂蒙正的曾祖父呂韜。

呂韜的生平，我們知道很少，史稱其為莫州莫縣（今河北省任丘市北鄚州鎮）主簿，可見他只是唐末幽州（今北京）節度使轄下的一個小縣官，家族並不顯要。然而，到了呂韜的兒子呂夢

奇，仕途發展已不俗。呂夢奇先於後梁 (907～
923) 時代失官，與劉昫 (887～946) 等在幽州大寧
山結庵共處，以吟誦自娛；後唐 (923～937) 莊宗
（李存勗，885～926）時授為幽州節度判官，天
成元年 (926) 再獲明宗（李嗣源，867～933）升
為右諫議大夫，三年 (928) 為御史中丞。呂夢奇
升遷迅速，想不到竟引起同僚嫉妒，天成四年
(929) 朝廷懷疑昭義（今山西省東南部與河北省西
南部）節度使毛璋 (？～929) 謀反，呂夢奇因曾
借毛璋馬匹而受人攻擊，降為太子右贊善大夫，
外放北京副留守，至長興三年 (932) 才復為戶部
侍郎。當時的北京是指山西太原，故呂氏一族遂
於唐末徙籍太原，宋興後已遷居河南洛陽。

　　呂夢奇是五代「呂氏三院」名族，家族勢力
遠較其父親時代興盛，但其兩個兒子呂龜圖及呂
龜祥入宋後的官運並不亨通，呂龜圖歷官起居郎；
而呂龜祥則於開寶八年 (975) 為太子洗馬派往金
陵（今南京）徵收李煜 (937～978) 所藏圖書，歷

官殿中丞，出知壽州（今安徽省壽縣）。關於宋代的官稱，這裡必須略作解釋。案宋代官制至為複雜，任官上「官」、「職」、「差遣」分離，「官」即三省六部、九寺五監等官司之正官，僅確定其地位和待遇，呂龜祥的「殿中丞」便是其官階。「差遣」即臨時委任的職務名，常帶有「判」、「知」、「權」等字詞，如「知州」，呂龜祥「出知壽州」，就是被派到壽州出任長官。本書經常提及不同官員「知」、「判」、「權」某一職位（知、判、權的意思略有不同，但非本書的重點，故不贅述），即是朝廷臨時委任他做某些職務，可以是中央或地方的部門，例如被差遣負責在朝廷諫諍朝政得失的稱為「知諫院」，被差遣到地方某縣做長官則稱「知縣」；「職」則用作內外差遣所帶之榮銜，如「殿學士」、「待制」等。宋代官制採行官階與實際工作各自分離的制度，目的是讓君主能靈活調動官員，一方面可提拔官階較低而有才能者擔任要職，另一方面也可隨時撤換無能之輩，甚至將

宰執外放為州官,以收中央集權之效。

呂龜圖及呂龜祥兄弟倆一為從六品的起居郎,一為從五品的殿中丞;而呂龜祥更因在壽州有善政,故全家移遷於此,與其兄呂龜圖的洛陽一支異地而居。可見呂氏家族在宋初的發展不算繁榮,族中二房更因仕途生活而分離,家族的凝聚力亦減弱。然而,在家道中落之際,呂蒙正卻幸運地登太平興國二年進士第,且為狀元,振興家族地位,並開創呂氏家族在兩宋蓬勃發展之事業。

有宋一代,呂氏家族「衣冠最盛」,是當世最顯赫的高門大族。呂蒙正為太宗及真宗(趙恆,968〜1022)兩朝宰相,堂姪呂夷簡 (979〜1044) 為真宗朝參知政事(副相),仁宗(趙禎,1010〜1063)朝宰相。呂夷簡次子呂公弼 (1007〜1073) 為英宗(趙曙,1032〜1067)朝樞密副使,神宗(趙頊,1048〜1085)朝樞密使(宋制,分宰相權另設樞密院掌軍事,長官為樞密使);三子呂公著 (1018〜1089) 為神宗朝知樞密院事,哲宗(趙

煦，1077～1100）朝宰相。公著孫呂好問為高宗
（趙構，1107～1187）朝右丞。呂氏相繼執七朝
之政，宋人號為「盛事」；且族中名儒輩出，黃宗
羲 (1610～1695) 編著的宋元學術思想史巨著《宋
元學案》共有九十一「學案」，呂家占了三十一
人，呂公著、呂希哲 (1039～1116)、呂本中
(1084～1145) 及呂祖謙四人更為學派領袖。這樣
一個顯赫的家族，族人繁衍，故俗諺「窮不過蒙
正」，並不完全正確。呂蒙正出身於中等官僚家
庭，只是年輕時隨著被丈夫遺棄的母親而顛沛流
離；但他苦學成人，奠下家族勃興的基礎，是呂
家在宋代發展的轉捩點，自身的奮鬥就是「窮人
的驕傲，富人的榮耀」，極具傳奇意味。

　　有一點必須先加以指出，我們在析述呂氏一
人、一家以至一族的歷史時，其實一個人身上本
來就並存多個社會角色，同時也占據著不同的社
會位置，同一行徑在不同人眼中自有不同評價。
此外，歷史的記錄本就是事後的印象或投影，更

何況這些材料會隨著政治與思想學術的轉變而變化，再加上後世在印刷出版時一再揀選，進入我們眼中的，早已摻雜各種有待釐清的元素。面對這些問題，我們或可以運用美國學者蔡涵墨 (Charles Hartman) 提出的「文本考古學」分析方法，他主張我們應該像考古學家一樣，將史料視為隨時代變化不斷經歷變更與操作的動態過程的結果，而非一次完成的靜態產物，然後將史料進行「挖掘」，像考古遺址的地層般一個又一個地回向更早的過去。這樣的話，相信更能了解呂氏家族的各種面相。

這本小書重構呂蒙正及其家族的故事，一方面希望讓讀者重新了解呂家這段精彩的歷史；但更重要的是，透過分析呂氏家族的歷史，我們會認識到中古門第社會崩解後，科舉制度如何影響士族官僚的發展，並改變了近世中國的社會結構。我們也會因此明白，「家貧→中舉→良緣→升官發財」這種民間記憶，其來有自。

代出雄才

龍飛中榜，狀元宰相——呂蒙正

後唐滅亡後，經歷後晉 (936～947)、後漢 (947～951) 和後周 (951～960) 三個短命的王朝。時局動盪，移居太原的呂氏家族，由於史料缺乏，情況不大清楚；不過，946 年呂龜圖的家庭在洛陽的居所迎來了一個新生嬰兒，他就是未來大宋王朝的「狀元宰相」呂蒙正。

呂家早已在宋朝建立前，就從山西太原遷徙到河南洛陽。雖逢亂世，但呂龜圖還是有很多妻妾，可見家境生活還算不俗；可惜，呂蒙正的童年亦因此而飽歷滄桑，其母親劉氏因為丈夫「多

圖 1：呂蒙正

內寵」，夫妻間經常爭吵衝突，最後呂蒙正母子被
呂龜圖趕走。但劉氏忠貞守節，誓不改嫁。呂龜
圖調職邊地後，呂蒙正遂與母親到洛陽龍門山的
寺院寄居，一邊侍奉劉氏至孝，一邊努力讀書。
「風雪破窯」的生活最是艱苦，呂蒙正只盼能一
朝登第，脫貧解困。皇天不負有心人，太平興國
二年，呂蒙正舉進士，太宗親點為狀元，從此飛
黃騰達。不過，父母的離異叫呂蒙正十分遺憾，
呂龜圖後來回到京師，他就向雙親跪泣請求復合；

礙於兒子情面，兩老答應與呂蒙正同住，但夫妻終是「異堂而處」，呂蒙正早晚奔走於父母兩邊廂，服侍周到，孝感動人。

　　呂蒙正是太宗繼位 (976) 後第一榜科舉的狀元，即宋人所謂的「龍飛榜」，當時太宗正積極進行統一大業，求才若渴；他們君臣兩人同值三十多歲的壯年，大有作為，呂蒙正自然受到太宗的眷顧重用。983 年，呂蒙正升任參知政事，988 年即為宰相，自登第未及十年而執政，十二年就拜相，當世罕見。是時開國元勳趙普 (922～992) 為首相（北宋宰相制度，滿員時有三人，簡稱為首相、亞相、末相），太宗實有借其地位護持呂蒙正之意；難得的是，與擅操權術的趙普同殿為臣，呂蒙正不但未有招致嫉忌，反而得到趙普大力推許，可見其持重穩健。不久，趙普罷相，呂蒙正代為首相，至 991 年罷，任相共四年；993 年呂蒙正復為首相，至 995 年罷，期間獨相一年六個月。1001 年，真宗再起用呂蒙正為首相，翌年呂

蒙正患病，前後七次上章請求退休，至 1003 年罷，居相位兩年七個月。

　　呂蒙正三次任相，在位約九年，為政注重簡靜，他曾引老子「治大國若烹小鮮」之論，游說太宗對人民施行寬大政策，用人則以德行為先，黜退小人，使賞罰不會過度。對外方面，呂蒙正亦反對征討攻伐，他曾向太宗說：「戰爭傷人耗財，不可常常發動」，後來又以隋煬帝（楊廣，569～618）和唐太宗（李世民，598～649）征高麗無功為戒，勸導真宗切勿輕啟對遼戰爭；至其罷相返歸洛陽養疾，仍叮囑真宗「以百姓為念」，接受遼人請和之議。然而，呂蒙正並非消極面對邊政，當時西北守將屢請增兵抵禦西夏，他便說「兵非取於民不可」，請求於河南各州徵調壯丁服役；又建議於保州（今河北省保定市）、威虜（今河北省徐水縣西）、靜戎（今河北省徐水縣）、順安（今河北省高陽縣東）等沿邊軍州預備充足的糧餉，後來更主張授予西涼府（今甘肅省武威市）

六谷部首領潘羅支 (？～1004) 為觀察使，借此挑撥吐蕃與西夏的關係，以夷制夷。其實，呂蒙正主張實施清靜無為的政策，自有其背景及需要，蓋宋初經歷多場統一戰爭，太宗時又三敗於遼，國家元氣大傷，民生受損，加以西夏人又蠢蠢欲動，故統治者必須與民休息，惟當邊禍嚴峻危及王朝安全時，則自然要積極對付。

　　呂蒙正在宰相任內以正道自持，行事絕不苟且，遇事敢言，多次觸怒太宗。例如淳化五年 (994) 正月十五元宵夜，太宗設宴與群臣賞燈，酒酣之際，自吹自擂說：「五代時，生靈凋喪，周太祖（郭威，904～954）自鄴城南歸，官吏和百姓都被劫掠，下則有火災，上則現彗星，觀者驚恐畏懼，當時大家以為天下再無太平日子了。朕親自總攬政事，萬事大致都得到治理，每當想到上天的恩賜，才有這般繁榮昌盛，便知道國家的治理與混亂都在於人。」左右侍候者自然大拍馬屁，歌功頌德，可是呂蒙正竟不買帳，走到太宗面前

說:「皇帝所在之處,官員和百姓都在此聚集,所以如此繁盛。臣曾經看到都城外不數里之處,饑寒而死者甚多,不完全是都城裡的這樣。願陛下從近看到遠,那才是蒼生之福。」太宗聽後臉容變色,不發一言。當時以正直敢言著稱的諫臣王禹偁(954~1001)亦在場,嚇得汗流浹背,呂蒙正卻侃然走回座位,同僚都佩服他的剛正不阿。

為政者應知人善任,呂蒙正為此又曾跟皇帝抗爭。一次,太宗想派人出使遼國,呂蒙正推薦一人,但太宗不同意。他日,太宗又問起此事,蒙正再以此人為對,太宗再次否決。過幾天,太宗又再催促,呂蒙正終還是不肯改易他人。太宗大怒,將其奏章擲在地上說:「卿何以這樣固執?」呂蒙正回答:「臣非固執,而是陛下未能諒解而已。」他堅持說:「此人可為使節,其他人都不及。臣不想以媚道而胡亂聽從人主的意見,貽害國事。」同列的官員都嚇得不敢作聲,呂蒙正卻將朝笏插在腰間,俯身執拾奏書緩緩放入懷裡

而退下。散朝後，太宗對親信說：「蒙正氣量，我不及他。」太宗終於任用那人，結果很符合聖意。

呂蒙正衣服的夾袋中有一部小冊子，每逢有客人謁見時，他必詢問有什麼人才；待客人離去後，他隨即記下姓名，分門別類，等到朝廷求才時，呂蒙正就從囊中冊裡選拔。因此，呂蒙正為相時，文武百官都非常稱職。呂蒙正的確善於觀人，富言 (969～1031) 是他的門客，一天告訴呂蒙正說自己的兒子年幼，因為家貧，懇求讓他入書院侍奉呂蒙正的兒子們讀書。呂蒙正答應了他，待見到富言的兒子後驚嘆：「這個孩子將來的名位與我相似，而功勳事業卻遠過於我。」於是命他與自己的幾個兒子一同學習，供給豐厚，悉心照顧。富言的兒子就是後來仁宗和神宗兩朝的名相富弼 (1004～1083)。

呂蒙正在太宗和真宗二朝受到君主的重用和優禮，門生故吏遍天下，期間更曾獨相超過一年，勢力之大，可以想見。當時有朝臣家藏一面古鏡，

說能照出二百里內的景物,想透過呂蒙正之弟獻上以求攀附,呂蒙正卻笑說:「我的臉不過碟子般大,那用得上照二百里的鏡子?」其弟於是不敢再提。這件事固然可見呂蒙正的賢良忠正,卻又能反映呂家或可借宰相之勢援引親朋,以權謀私。事實上,呂蒙正為人不忘本,任內對其微時摯友均曾多加相助,例如他與溫仲舒 (944~1010) 及另一朋友在洛陽龍門山的寺院讀書,發誓不得狀元不會出仕,結果呂蒙正奪魁,溫仲舒尚且中甲科,而另一人則名落孫山,拂袖歸隱。後來呂蒙正拜相,太宗問他有什麼故友,蒙正即以歸隱者應答,於是太宗派人召他為著作郎。至於溫仲舒,他與呂蒙正交情深厚,後來因私通監軍家婢,被罷除官籍貶為庶民;到呂蒙正拜相後,努力營救,終於恢復為官。可是溫仲舒得到重用後,反而攻擊呂蒙正援引親朋,令其罷相。

與呂蒙正同年登第者如王沔 (950~992)、王化基 (944~1010) 、 張齊賢 (943~1014) 、 陳恕

(945～1004) 及溫仲舒等後來均陸續受到重用,他們的勢力逐漸膨脹。有一種意見認為,宋代同年登第者會形成一個集團,互相薦引,不同榜者形成不同派別,黨同伐異。宋初的黨爭,不能簡單理解為「南北之爭」,而是「不同年」之爭。因此,呂蒙正與 977 年「龍飛榜」的「同年」乃形成一個集團 , 勢力龐大 , 但受到以寇準為首的 980 年「龍虎榜」的「同年」攻擊,故呂蒙正曾指責寇準「輕佻又好聲譽,不可不察」。然而呂蒙正胸襟廣闊,史稱其「不喜記人過」,當他剛任參知政事上朝時,有人在簾內指著他輕蔑地說:「這個小子也是參政嗎?」呂蒙正佯裝沒聽到就走過,同列官員很不滿,下令詰問此人是誰,但呂蒙正急忙制止。退朝後那些同事仍然憤憤不平,後悔沒有追問到底,呂蒙正卻解釋說:「如果知其姓名,則終身不能忘記,所以不如不知。不問其姓名,有什麼損失呢?」呂蒙正的氣量,於此可見。

　　呂蒙正不好名也不攬權,任相期間規畫的重

要措施都交由皇帝提出，歸功於上，天下稱道，故到了 1001 年再次任相時，他與寇準一榜的鬥爭逐漸緩和。最後，蒙正堂姪呂夷簡娶了寇準同榜進士馬亮 (959～1031) 的女兒，兩派在第二代以後融合，呂家勢力並未因此受挫。此外，呂蒙正樂於推薦人才，賞識後來仁宗朝的名相王曾 (978～1038)，照顧富弼，故後來王曾接受王旦 (957～1017，寇準「同年」，真宗朝宰相) 囑咐推薦呂夷簡，富弼與呂蒙正之子呂居簡 (999～1070) 相善，未嘗不和此有關，這對呂家的發展極有幫助。

呂蒙正晚年回到洛陽祖家定居，有園亭花木，子孫在旁服侍，每日與親舊宴會，怡然自得。他先後娶宋氏與薛氏為妻，兩人都比他早死；兒子十人，除呂居簡外，其餘也都早逝，有孫及曾孫若干人。1011 年，呂蒙正以六十六歲高齡去世，真宗悲痛不已，三日不能上朝；歷封萊國公、徐國公、許國公，贈太師、中書令，諡「文穆」。據

宋人記載，呂蒙正「生於洛陽祖屋的正室裡，至去
世亦同樣在那臥床之上」，落葉歸根，壽終正寢，
叫人安慰。整個宋代，對呂蒙正的評價都很高，
太宗曾親筆書寫「淳德守正」字書一卷送給他，
南宋的學者呂中（1247年進士）也盛讚其相業。

　　宋初，盧多遜 (934～985) 拜相，兒子即授六
品的水部員外郎，大家以為慣例；但呂蒙正因自
己中第時只任九品京官，為免阻礙賢者入仕之路，
故請求僅恩蔭兒子同為九品京官，從此就成為定
制。呂蒙正一生行事謹慎，故不易為人攻擊，對
家族的勃興和維持，極其重要；雖然如此，但宰
相之家總是有其優勢，其族人因此受到君主賞識
提拔者也不少。呂家從太原遷徙到河南，伴隨著
新建立的大宋王朝一起崛興，呂蒙正的貢獻至大，
可惜他的兒子都不長壽，只呂居簡一人能克紹箕
裘而已。

　　呂居簡，呂蒙正第八子，賜同進士出身。過
去，　根據晏殊 (991～1055) 替馬亮撰寫的墓誌銘

所說，呂居簡妻子是馬亮的女兒；然而，經學者考證，馬亮長女嫁陳堯叟 (961～1017)，次女早亡，三女嫁戴宏，四女嫁呂夷簡，其他女兒分別嫁張士惑、鍾離景裕和張去奢，呂居簡並非其婿。事實上，最新發現的呂夷簡曾孫呂好問所撰寫的呂氏家族〈墳域圖後集序〉記載，呂居簡的妻子是李氏 (生平不詳)，與馬亮沒有關係。呂居簡歷官荊湖北路經撫、廣南東路經撫，掌一路地方的軍政，最後以龍圖閣直學士進封開國公，以兵部侍郎判西京御史臺，頗受重用。他為官治績卓越，知蘇州時關心民間疾苦，經常救護和賑濟老百姓，又開鑿「至和塘」，疏濬地方水利，受人愛戴；擔任提點京東刑獄公事時，則捕擒反賊孔直溫，其中最為人所稱頌者，就是為石介 (1005～1045) 辨誣，免去其開棺之禍。

仁宗慶曆 (1041～1048) 年間，諫官歐陽修 (1007～1072) 等上疏，批評夏竦 (985～1051) 奸邪，令其罷樞密使。石介於是上《慶曆聖德頌》，

褒貶朝臣，對夏竦的詆毀尤其厲害。後來黨爭爆
發，石介受到牽連，回到故鄉袞州奉符（今山東
省泰安市）後病死。適逢山東應考科舉的士人孔
直溫謀反，有人說他曾經跟從石介讀書，於是懷
恨在心的夏竦就向仁宗上奏，指石介其實未死，
只是北走投靠遼人而已。仁宗聽信讒言，捉拿了
石介的妻子，並派宦官為特使到京東，下詔與當
地官員打開石介的棺材，驗明虛實。當時呂居簡
負責此案，他向使者指出，如開棺結果是空的，
則石介早已逃跑，未見作用；假若屍首仍在，即
石介未曾叛去，那朝廷無故破開別人塚墓棺木，
將無以示於後世。使者雖表同意，但苦於無法回
旨，呂居簡於是建議傳召負責殮葬者及參與喪禮
的石介親屬、門生等數百人，盤問後要他們簽立
軍令狀，擔保證明石介真的去世，那就足以回覆
皇命。使者非常贊同呂居簡的說法，依計完事後
持狀入奏，仁宗亦覺悟夏竦的誹謗，於是釋放石
介妻子，平反其冤，世人都讚頌呂居簡是個長者。

富弼受過呂蒙正恩惠,後來與呂居簡是至交,並應他邀請替呂蒙正寫「神道碑」,其中提及呂居簡最克肖其父。從呂居簡為官及處理石介一案,可見富弼很了解他們父子。持平地說,夏竦才華出眾,為官多有建樹,他死後名相宋庠 (996~1066) 在輓詞中對其才學、功績都給予很高評價,悲痛之餘,更慨嘆夏竦未能拜相以施展其經國濟民的才幹。石介是一個狂士,他對夏竦的醜詆並不完全公允,換來報復也可說是自招的;但死者已矣,毀塚開棺畢竟天理難容,呂居簡仁厚,積陰德之餘,也顯揚呂氏一族的聲譽。更重要的是,慶曆年間,呂夷簡與范仲淹 (989~1052) 發生嚴重的政爭,歐陽修、富弼和石介等都曾猛烈攻擊呂夷簡,但呂居簡卻為石介辨誣,且與富弼交好,可知呂氏一族的政見及交遊最是多元,朝廷上任何一派勝負都不致令整個家族受到打擊,對家勢的鞏固與發展極有幫助。

以呂居簡的寬厚賢能,足可維持呂蒙正的事

業，可惜其兄弟都早死，至呂居簡於七十二歲高齡去世後，呂蒙正一支後裔的發展便漸漸沒落，生平可考者更只零星數人，發展家族勢力的責任遂落在呂蒙亨一房之上。

有宋得君，一人而已——呂夷簡

呂蒙正崛起於科場，使呂家勃興，其為政寬厚，不易樹敵，可令剛發展的家族勢力不受攻擊。呂居簡有乃父之風，品行端正，雖能保持地位，但宋朝中葉以後政治日趨複雜，單靠仁厚並未足以奠定及維持家族勢力；且呂居簡不曾拜相或出任參政，故呂蒙正創下的家族事業要得以繼續，則極需要一個有權有謀之人，而呂夷簡便是最適合者。

呂蒙正叔父呂龜祥移居壽州後，兒子呂蒙亨曾參加科舉，因堂兄呂蒙正為相，遂避嫌不參加廷試，到地方出任低級官員；後來呂蒙亨得太宗

召見，出知壽州，太宗曾對王旦說：「此人在兄弟中最優異，蒙正何以不說？」其實，呂蒙正除了謹慎和不弄權外，也有高遠的考慮。當時呂蒙亨的長子呂夷簡年少有才華，呂蒙正就不肯推薦他，說：「他應該憑自己的實力做到宰相，豈能夠以門蔭關係輕視他。」果然，1000年呂夷簡進士及第，補絳州（今山西省新絳縣）軍事推官，後來出任通州（今江蘇省南通市）、濠州（今安徽省鳳

圖2：呂夷簡

陽縣）等地的通判（通判為州府副官）。老練的呂
蒙正看準時機，最後一刻才出手扶持族中這個最
出色的子姪。呂蒙正退休回到故鄉洛陽居住，
1011 年真宗到泰山封禪，經過洛陽時兩次探訪
他，並詢問其兒子中那個可堪大用。呂蒙正推說
兒子都是「豬狗庸才」，但「有姪夷簡，任潁州推
官，宰相才也」。呂夷簡從此受到真宗賞識，最後
得到大用。呂蒙正深知呂夷簡的才能，故為國為
家（族）推薦堂姪而不是兒子，這是何等的胸襟
與智慧。呂氏家族的發展，從此便得以奠定下來。

　　呂夷簡開始受真宗重用，歷官知濱州（今山
東省濱州市）、提點兩浙刑獄、權知開封府等，政
績很好。例如他在濱州鞏固堤防、疏導水勢，解
去民患，又上言乞免河北各州農器稅；提點兩浙
刑獄，則請減緩興建宮觀工徒之役，真宗讚他有
「為國愛民之心」；治開封府又公正嚴明，聲望日
隆，真宗暗暗記下他的名字，準備重用他。不過，
呂夷簡的仕途發展，也與當時的政治鬥爭有很大

關係，前面提過「同年」黨爭的問題，寇準一派與呂蒙正一榜消融結合後，繼之而來與寇準相爭的，是淳化三年 (992) 一榜的進士王欽若 (962～1025) 和丁謂 (966～1037)。後來寇準雖然失敗下臺，但其「同年」王旦及派系的繼承者王曾、呂夷簡等成功將王欽若、丁謂一派消滅。細心考察呂夷簡入相的過程，可知情況。

1016 年前後，寇準押解罪犯到湖南，路過京師，可能因管治下屬太嚴，當中竟有人誣告他謀反，幸得王旦和呂夷簡辯明，真宗才沒有聽信讒言；寇準晚年貶死於雷州（今廣東省雷州市），呂夷簡又為他申冤，恢復了名譽。另一方面，呂夷簡又致力打擊王欽若一黨。993 年四川青城縣民王小波、李順造反，亂事平定後李順下落不明；到了 1017 年，嶺南擒獲賊盜，誤以為是李順，於是獻於京師，時任樞密使的王欽若未經查證就立即稱賀，發覺出錯後就想匆匆結案瞞混過去，但呂夷簡堅持如實上奏。論史者都以為呂夷簡不肯

媚諂宰執，不會欺騙朝廷，正直賢能，其實這亦反映他借機攻擊王欽若一派。1019 年，呂夷簡負責審理錢惟演 (977〜1034) 主考不公的案件，覆查試卷後結果錢惟演貶官，而惟演原來也是丁謂之黨。呂夷簡治事嚴明，顯示才能之餘又可打擊政敵，並得到親黨的扶持。王旦在王曾未認識呂夷簡前，已向他推薦呂夷簡，說他將來必秉國政；王曾受過呂蒙正提拔，加上王旦的讚賞，於是拜相後就極力援引呂夷簡。

1022 年，真宗駕崩，仁宗年幼繼位，遺詔尊劉皇后 (969〜1033) 為太后，軍國大事聽其處置，垂簾聽政；當時宰相丁謂獨攬大權，勾結宦官雷允恭，權傾朝野，與劉太后的矛盾日增。時任參政的王曾借真宗山陵的營建事乘機向劉太后進言，指責丁謂包藏禍心，威脅社稷，政爭一觸即發，呂夷簡牽涉其中，形勢險惡。真宗死後，丁謂以宰相領「山陵大禮使」的頭銜，但實際工作卻由雷允恭負責，雷允恭擅自遷徙皇陵墳地，丁

謂卻包庇他，結果引起朝議沸騰。呂夷簡當時權知開封府，負責審理此案，過程中將一切罪證都歸咎於雷允恭一人身上，完全沒有提及丁謂。丁謂不虞有詐，於是讓呂夷簡面聖奏對，結果呂夷簡在兩宮面前才揭穿丁謂與雷允恭勾結遷徙皇陵墳地之事，劉太后藉機將丁謂抄家並貶至海南島。呂夷簡足智多謀，因功拜為參知政事。丁謂、王欽若一黨至此大敗下臺，王曾及呂夷簡等一派勝利。在王曾的力薦下，1029 年 2 月呂夷簡拜相；8 月王曾因皇宮大火而罷相，呂夷簡進為首相；1035 年，王曾復相，但位在呂夷簡之下，從此他們的論議多有不合，甚至鬧到皇帝面前，兩人晚年勢同水火。

呂夷簡任相期間，協調兩宮，令國家避免了一場嚴重的政治危機，功勞至大。原來仁宗本非劉太后所生，他卻不知情，且亦不知李宸妃(987～1032) 是其生母，朝臣中也沒有人敢提起，這就是家喻戶曉的「狸貓換太子」傳說本源。其

實，當年李宸妃是劉太后（當時還未封后，只是
「九嬪」之一的「修儀」）的侍兒，其與真宗所生
的兒子（仁宗），被無子而為真宗寵幸的劉太后收
養，並不出奇。李宸妃過世後，劉太后想將其草
草薄葬，呂夷簡上朝時問起此事，竟然主張厚葬，
劉太后驚惶地說：「宰相也要干預宮中的事嗎？」
於是帶仁宗離去，不久才獨自回來對呂夷簡說：
「卿何以離間我們母子？」呂夷簡回答：「太后他
日不想保全劉氏全族嗎？」意思是說將來仁宗知
道真相後，算帳起來，劉家必然被滅門。劉太后
聞言猶豫起來，勉強同意呂夷簡的建議；不過，
大臣們為討好劉太后，過程中仍然多番折騰，呂
夷簡警告傳事的宦官羅崇勛說：「宸妃誕育聖上而
喪不成禮，他日必定有人因此被治罪，到時不要
怨夷簡今天沒有提過！」羅崇勛怕禍及自己，嚇
得立即回報，劉太后才終於接受呂夷簡的意見，
以皇后之儀禮葬李宸妃，並以水銀注滿棺木。及
劉太后死，仁宗的叔父荊王趙元儼（或以為他即

後世《包公案》中的「八賢王」）才向他說出真相，並謂李宸妃「死於非命」。仁宗大為震驚，他求證於養母章惠楊太后 (984～1036) 及真宗妹獻穆大長公主 (988～1051) 後，下令替李宸妃更易梓宮，查明真相，結果見到以水銀保存的屍體「玉色如生」，冠服如皇后，仁宗才知謠言可畏，沒有處分劉氏一族。

據宋人筆記《默記》記載，仁宗下令開棺檢查時，已派兵包圍劉太后家族的宅第，劍拔弩張，情勢極為凶險；待李宸妃之弟李用和查驗確定姊姊並非被毒死，劉家之禍才得以解除。筆記小說之言，未必全部屬實，但由此可窺見呂夷簡除當年力爭以皇后禮儀殮葬李宸妃及以水銀實棺的遠見外，派李宸妃親弟李用和檢驗梓宮，更顯謀略，因為這可免卻很多流言或陰謀。宮闈之變，最是波譎雲詭，仁宗以沖齡繼位，劉太后臨朝稱制，本來已易生嫌隙；而他又不知道自己非劉太后親生，李宸妃之死更容易使野心者有機可乘。幸而

呂夷簡為相，以調和兩宮為職志，庇護幼主，保存劉太后和李宸妃二族，穩住政局，也令群臣免去危禍。不過，無論呂夷簡功勞再大，他支持仁宗廢后一事，卻永遠被人詬病。

　　1033年2月劉太后去世，仁宗親政，與呂夷簡計劃將太后信任的大臣張耆(？～1048)、夏竦等罷走；仁宗回宮後將此事告訴郭皇后(1012～1035)，她竟說：「只有夷簡不依附太后嗎？只是他機巧善變而已。」一言驚醒夢中人，結果仁宗也一併將呂夷簡罷相。郭皇后妄議大臣，其實並不應該；她惹上老謀深算的呂夷簡，結果「現眼報」也來得很快。同年10月，蝗旱災情嚴重，仁宗以繼相的陳堯佐(963～1044)等無能，於是又復用呂夷簡為首相，未幾就發生廢后事件。原來當初仁宗並非屬意郭氏為后，但劉太后堅持，郭皇后因而在後宮裡恃勢生驕；劉太后過世後，仁宗開始寵幸尚美人和楊美人。有一次，尚美人在仁宗面前對郭皇后出言不遜，郭皇后忿而給她一

巴掌，仁宗上前救護，混亂之際郭皇后竟誤傷龍
體，闖出大禍。仁宗盛怒，打算廢后，但朝臣群
起反對，仁宗猶豫不決下詢問宰相的意見。呂夷
簡因為交結宮中很有權勢的首席宦官入內都知閻
文應（？～1039），早已知道郭皇后提醒仁宗罷免
自己的往事，於是對仁宗說「廢后」這種事自古
即有，郭皇后打傷皇帝，罪不可赦；他又斥逐反
對廢后的諫官范仲淹、孔道輔（985～1039，孔子
四十五代孫）等。12月，郭皇后被廢，兩年後去
世，年僅二十四歲，很有可疑是被閻文應所毒殺。

翌年，范仲淹上「百官圖」，指斥呂夷簡偏袒
私人，又進〈四論〉諷刺和規諫時政，呂夷簡大
怒；而余靖（1000～1064）、尹洙（1001～1047）、
歐陽修等群起支持范仲淹，結果被呂夷簡指為「朋
黨」，一律貶走，風波雖然平息，但「朋黨之論」
自此大興。有學者認為，仁宗廢后的主要原因是
不滿劉太后垂簾聽政，故呂夷簡的介入，「最多只
是起了推波助瀾的作用」。果真如此，則仁宗其實

也是利用呂夷簡鎮壓反對的朝議和那些來勢洶洶的諫官，他們君臣兩人，各有打算，互相配合。無論如何，呂夷簡因此受到正直之士的非議，但他深得仁宗寵信，在朝中勢力龐大，故地位仍然牢固。

呂夷簡與其從伯父呂蒙正一樣，自天聖(1023～1032)至慶曆年間三居相位（1029 年 2月～1033 年 4 月，1033 年 10 月～1037 年 4 月，1040 年 5 月～1043 年 9 月），共十一年三個月，期間更曾獨相三年，又因與西夏作戰的特殊環境下以宰相兼樞密使，掌握文武二柄。此外，呂夷簡更分別與兒子呂公著在晚年時候獲加「平章軍國事」銜，六日一朝，過問大典禮與大刑政，是皇帝優待元老重臣的貴官銜，宋興以來大臣以宰相平章軍國者只有四人，二人出自呂家，政壇上罕見。呂夷簡在中書二十年，仁宗言聽計從，史稱「有宋得君，一人而已」，意思就是說在宋代能夠獲得君主如此信任的，只有呂夷簡一人，無人

能及，由此可見其聲望與地位。除了超卓的政治才能和懂得迎合君主喜好外，其實呂夷簡與仁宗之間有深厚的感情。仁宗即位時只有十三歲，他不是劉太后所出，當時太后想進荊王為皇太叔，經呂夷簡大力反對才作罷；後來太后又將荊王兒子養在宮中多年，在呂夷簡堅持下才將其送回荊王府，避免了對仁宗皇位的威脅。呂夷簡又選用大經師孫奭 (962～1033) 教導幼主，培養仁宗成為博學勤政的明君，其用心可見；至於前面提及李宸妃一事，仁宗對呂夷簡力主厚葬其生母自然很是感激，而他調和二宮之功，亦讓仁宗保存了對劉太后養育的孝義。最後呂夷簡抵住了臺諫非議，全力支持仁宗廢后，無論其動機如何，也讓仁宗在情感上得到安慰。因此，仁宗對呂夷簡的感激與信任，不是其他人可以相比。當然，仁宗也絕非傀儡庸主，劉太后死後，他曾對章得象 (978～1048) 說：「從前太后臨朝聽政時，群臣的邪正，朕都默默記在心裡。」1043 年 2 月，呂夷

簡因病多次請辭，仁宗在延和殿召見，特准呂夷簡乘馬至殿門，命內侍用小轎將他抬至大殿。當仁宗見到病情嚴重、面容蒼老憔悴的老宰相，心裡充滿了憂傷和憐憫。1044 年 9 月呂夷簡去世，仁宗傷心不已，說：「如何能得到憂公忘身如夷簡的人！」皇帝親臨祭奠，輟朝三日，謚「文靖」，歷封申國公、許國公，後更御賜「懷忠之碑」，其神位被供奉在皇帝的太廟裡。

呂夷簡掌權後，曾排斥復相的李迪 (971～1047)，也和王曾爭權，時論多所批評。他當國期間，權傾朝野，同列官員不敢干預政事，只是附和簽名而已；而奉承自己的，他就悉力維護，故朝中滿布其親屬舊友，有批評呂家「內外姻族之盛，冠於當時」。雖然如此，呂夷簡卻不是個壞宰相，他在任期間曾用計智罷宦官監軍；編修《中書總例》，是宰相機關的行政手冊，有了這部實用指南，即使是平庸之輩為相，也能勝任；他又奏請各州設立學校，勸劉太后埋葬「天書」（真宗為

遮掩與遼國締結〈澶淵之盟〉的恥辱，偽造「天書」進行封禪，粉飾太平）及停止大興土木等等，均大有益於國家民生。

呂蒙正振興了呂氏家族，呂夷簡不但能繼承其事業，而且憑藉智謀，在當時黨爭、宮闈鬥爭險惡的政治環境中得到君主寵信重用，擴充子弟各人的利益，實在是呂氏家族勢力的奠定者。自此以後，呂氏族人在朝中分據要職，勢力蒸蒸日上。然而，呂夷簡為人同樣非常謹慎，有一件趣事可見其性格與行事，話說呂夷簡妻子有一次入宮朝見，皇后對她說：「皇上喜歡吃糟淮白魚，但祖宗舊制規定，不能向四方徵取美食，故無法得到。宰相的家鄉在壽州，應該會有吧。」呂夫人回家後備妥十盒白魚準備進獻，呂夷簡看到就問起來，她如實相告，誰料呂夷簡竟說：「兩盒便夠了。」妻子很是疑惑，說那是獻給仁宗食用的，何以如此吝嗇？呂夷簡悵然回答：「皇室豪華美食都沒有的，人臣之家，怎會有十盒呢？」妻子才

恍然大悟。屹立政壇不倒的權相，自有其深謀遠慮之道，故呂夷簡雖然植黨營私，但被他貶斥的人，很快又重新獲得收用，沒有永久被呂夷簡打壓，因此他也沒有永遠的仇人。其中最著名的，自然是呂夷簡跟范仲淹的恩怨。

　　原來范仲淹早年受過王曾的提拔，故他與呂夷簡的鬥爭，背後其實也涉及兩派的恩怨。不過，王曾於 1038 年 11 月離世，范仲淹被貶後則歷任知饒州（今江西省鄱陽縣）、潤州（今江蘇省鎮江市）、越州（今浙江省紹興市），而呂夷簡亦於 1037 年 4 月罷相，翌年出領大名府（今河北省大名縣東南），他們的矛盾於是逐步舒緩。1040 年西夏國主李元昊（嵬名曩霄，1003～1048）進攻延州（今陝西省延安市），宋將劉平（973～1040後）、石元孫 (992～1063) 被俘，西北邊事危急；「三川口之役」大敗後，人心惶惶，3 月，范仲淹乃以天章閣待制知永興軍（今陝西省）。5 月，呂夷簡復任宰相，向仁宗極力推薦范仲淹，升其

為龍圖閣直學士、陝西經略安撫副使，與韓琦
(1008～1075) 共同處理對夏戰事，當時仁宗盛讚
呂夷簡為長者，天下人亦以為他不念舊惡。據司
馬光 (1019～1086) 的記述，事後范仲淹當面向呂
夷簡道歉，蘇轍 (1039～1112) 亦記范仲淹「寫信
責備自己，解仇而去」；而歐陽修為范仲淹寫的神
道碑，其中即說：

> 及呂公復相，公亦再被起用。於是二公歡然
> 相約，戮力平賊。天下之士皆以此多二公。

「范呂解仇」後來變成一件公案，范仲淹的
兒子范純仁（1027～1101，哲宗朝宰相）要求歐
陽修刪去神道碑中二人修好的數十字，理由是「沒
這回事，我父親未嘗與呂夷簡和好」。歐陽修拒絕
了范純仁的要求，范氏兄弟遂在鑿刻神道碑時私
自刪去了這段記錄；而歐陽修則將原文收錄在自
己的文集中，顯示乃「實錄」之作。爭辯的雙方，

一面是范仲淹的兒子，另一面卻是與其身處政爭
漩渦中的並肩黨友，誰是誰非？其實，范仲淹在
呂夷簡死後寫的〈祭呂相公文〉，除了高度評價其
功績外，也寫出了自己對呂夷簡去世的悲痛與深
情：「就哭不逮，追想無窮。心存目斷，千里悲
風。」不過，在范仲淹被貶歲月中身受其害的范
氏子弟，自有其感受與寫真之實，旁人也無置喙
之地。

　　如上所見，范呂解仇，呂夷簡其實亦有主動
示好。1044 年，范仲淹以參知政事宣撫河東與陝
西，遇到已退休的呂夷簡。呂夷簡問他何以離開
朝廷，范仲淹回答說「欲經制西事」，呂夷簡聽到
後，竟意味深長地說，要經制西事，就不如留在
朝廷之方便。范仲淹因此感到很驚訝，最後領受
其教。老謀深算的呂夷簡，對國事、對范仲淹，
看得就是如此透澈中的。朱熹 (1130～1200) 評論
「范呂解仇」時指出，「夷簡心裡想的是什麼，雖
然無法清楚明白，但他補過的功勞，使天下得益，

這是不能抹煞的。」正因為呂夷簡這種政治智慧及謹慎的做法，故他雖受時人攻擊，卻未為家族樹敵，後來其兒子呂公著通判潁州（今安徽省阜陽市），郡守歐陽修並未以呂夷簡之故而與公著交惡，兩人都是憂國愛民的好官，歐陽修更推崇公著的學養而成為好友，當世對呂夷簡的批評也就愈來愈少。

後世或因呂夷簡與范仲淹的恩怨糾葛，加上富弼、歐陽修等的批評，視其為「奸臣」，其實並不公允。真宗朝的名相王旦以「善於知人」著稱，前面提過，王旦認為呂夷簡有奇才，對王曾說：「你應該與他好好交往。」王旦年長先逝，無法預見後來仁宗朝的政爭，他對呂夷簡的印象和評價應該是較客觀的。南宋大史學家李燾(1115～1184)也這樣評價呂夷簡：「自上（仁宗）初立，太后臨朝十餘年，內外無間，天下晏然，夷簡之功為多。」而《宋史》讚他「為世名相」，呂夷簡的確當之無愧。

宰相世家，新法浮沉
——呂公著及其兄弟

　　呂蒙正與呂夷簡兩代為相後，呂氏家族的發展進入全盛時期，時論就認為「天下之人談衣冠之盛者，必以呂氏為世家」。呂夷簡本來有七個兒子，三人早死，長大成才的呂公綽 (999～1055)、呂公弼、呂公著及呂公孺 (1021～1090) 都名揚當世，兄弟殊榮，沒有其他士族可以比得上。

　　呂公綽是呂夷簡長子，以父蔭補將作監丞、知陳留縣 (今河南省開封市陳留鎮)，呂夷簡死後知制誥、拜龍圖閣直學士知永興軍，後改知秦州 (今甘肅省天水市)，再召為龍圖閣學士知開封府，除翰林侍讀學士。呂夷簡當權時，有人批評呂公綽常常憑藉權勢而幫人拉關係、走後門，不少想攀龍附鳳的人都趨炎附勢巴結他。然而，人與人之間的關係其實不能一概而論，受助者認為

理所當然之事，旁人卻往往視作徇私舞弊。事實上，呂公綽也是個通情達理和聰慧有才能的人，例如他知開封府時能夠懲奸儆惡，知秦州則照顧州內的各族羌人，知鄭州（今河南省鄭州市）又留心民間疾苦，上奏請求免去他們的牛稅。此外，糾察在京刑獄時，禁軍中的「虎翼兵」劉明陰謀叛亂，部下不肯跟從，事件敗露時他反而誣告他人，呂公綽查明真相後說：「京師衛兵百萬，不痛懲的話，則人心動搖。」於是斬殺劉明以示眾，英明果斷。

呂公綽歷任不同官職，都有很多建樹，例如判太常寺時即對宗廟禮制多加改革，上《郊祀總儀》一書，是最權威的指導，又參與編修北宋最大的目錄學巨著《崇文總目》。另一方面，呂公綽行事同樣謹慎，當父親呂夷簡作宰相時多次請求調職以避嫌，長時期留在閒散的部門，很受仁宗讚賞。因此，呂公綽即使受到政敵多番批評，最終亦沒有影響其地位，王安石 (1021～1086) 就稱

譽他能繼承父業；鄭獬 (1022～1072) 亦說他雖然是宰相子孫,「一生都能自我奮發,使家族累積的富貴沒有傾墜」。看來,呂公綽的才能與品德,自有公論。事實上,他與父親都曾任「知制誥」這個清高又顯要的職位,人們認為是莫大的光榮。

呂公孺是呂夷簡的小兒子,以父蔭為奉禮郎,1040 年賜同進士出身。仁宗時歷官知澤州 (今山西省晉城市)、潁州、廬州 (今安徽省合肥市)、常州 (今江蘇省常州市),提點福建、河北路刑獄,入京為開封府推官;神宗時知渭州 (今甘肅省平涼市)、鄆州 (今山東省東平縣)、蔡州 (今湖北省襄陽市)、秦州,元祐 (1086～1094) 初加龍圖閣直學士,知開封府,後升任戶部尚書。關於呂公孺,御史中丞韓絳 (1012～1088) 對他有很嚇人的指控,說呂夷簡執政的時候,呂公孺往往搶奪兄長呂公綽貪汙所得的財物,又與呂公綽小女兒有姦情。不過,臺諫官這類「風聞」的說法恐非真實,歐陽修以前即曾被仇人陷害說他與媳

婦吳氏有曖昧關係，被御史攻擊。因此，呂公孺亦自辯被韓絳誣陷，請求立案查個明白，但朝廷不許，結果事件不了了之。此外，孫升 (1038～1099) 又批評呂公孺說：「文學本非他的所長，躬行仁義又不足以被人稱讚，只憑著世家而達到官高名大。」的確，家庭背景對呂氏族人的幫助無容置疑，但宰相子弟能夠馳譽天下，其自身的才華也不容小覷，呂公孺為官其實有不少政績。

　　史稱呂公孺判吏部南曹，「應對縝密敏捷，仁宗以為可用」。他任開封府推官，協助處理各項公事，得到上司包拯 (999～1062) 大力讚賞；後來包拯升任三司使（「計相」），為中央最高的財政長官，呂公孺是判官，所有事務包拯都與他商量後才決定；到呂公孺自己知開封府時，更是治明政寬，受人稱道。在地方管理上，呂公孺的表現也很出色，例如知秦州時，借提舉司官署的錢糧救濟統屬的各族鄉兵「弓箭手」；1079 年知河陽（今河南省孟縣西），平定洛口（今河南省鞏義市附

近）兵變，更可見其膽識過人。當時洛口有上千名兵士因服役過久而思鄉念家，於是擅自西走河橋，叛亂一觸即發。將領們要求出兵掩擊，呂公孺卻說：「這些都是亡命之徒，迫他們到絕境則會生變。」斷然命令：「敢殺一人者斬。」然後自己策馬前往，命親兵數人傳話說：「你們固然勞苦，但豈能擅自逃走回家？如果再渡過河橋的話，則罪不可赦了。我是知州，願意自首的站到左面道路上去。」言下之意，是放他們一條生路。在呂公孺曉之以理、動之以情後，大家都紛紛站到左邊，於是他只將帶頭倡亂的一人治罪，黥面發配遠方，其餘都不予追究，送返服役的地方，但指示其長官說：「如果再有驕橫生事者，立即斬殺，再向我報告。」眾人都乖乖聽話，不敢有其他舉動。

仁宗曹皇后（1016～1079）弟曹佾（1018～1089）是民間傳說「八仙」裡的「曹國舅」，呂公孺曾經主理他的喪事，得到豐厚的饋賞，卻不肯接受，大家都推崇他的高尚情操。史稱「公孺清

廉節儉，性情孤僻高傲，不易與人為同伴」，其為人可以想見。

呂公緯、呂公孺均能保持家族勢力，而呂公弼和呂公著兄弟更把呂氏的發展推至高峰，可惜後來都受到王安石的打擊。呂公弼，呂夷簡次子，歷任河北轉運使、都轉運使，掌管一路的財政和監察，知瀛州（今河北省河間市）、權知開封府；改同群牧使，主管全國馬政，後以樞密直學士知渭州、延州，再改知成都府。1065 年，英宗以呂公弼為樞密副使；神宗立，1067 年拜為樞密使，後以彈劾王安石而罷為觀文殿學士知太原府，判河陽。呂公弼的出身頗受父親蔭庇，1033 年呂夷簡呈上由自己負責注釋的御製佛經《三寶贊》，仁宗因此賞賜其子呂公弼進士出身；呂夷簡死後，仁宗思念故人，聽聞呂公弼有才幹，將其名字寫於大殿的樑柱上，準備將來重用他。呂公弼擔任權知開封府時，一次奏事退下後，仁宗目送呂公弼離開而對宰相說：「公弼很像他父親啊。」因為

與呂夷簡的深厚感情，仁宗後來即賜授呂公弼龍
圖閣直學士，並特別增加一個群牧使的名額來讓
他出任。

　　不過，呂公弼在仁宗、英宗和神宗三朝得到
重任，實因其有傑出的政治和軍事才能。他出任
都轉運使，疏通御河，令京師漕運糧食充足；知
太原府，抵抗西夏，保住麟州（今陝西省神木
市）。呂公弼初到成都府，為政寬厚，人們於是以
為他缺乏威嚴和果斷，當時有一名營卒犯法，依
例該受杖打，誰料他竟心存挑釁，傲慢地說：「寧
願以劍受死。」呂公弼再三勸諭，他仍然不肯屈
服。呂公弼毅然判決：「杖刑，是國法，不可不
受；劍者，是你所請，亦不好違逆你的意願。」
命令將這個犯卒杖打後再處斬，軍中的綱紀因此
肅然。呂公綽、呂公弼、呂公孺雖貴為宰相子弟，
都是飽讀詩書的名臣，但處置軍旅的驕恣不法，
同樣精明果敢，情理兼備，令人折服，有其父親
呂夷簡之手段。至於後來的「濮議」，呂公弼也同

樣努力調和兩宮大臣間的紛爭。

仁宗三子均早亡，於是過繼宗室濮安懿王允讓 (995～1059) 的兒子趙曙為養子。1063 年仁宗駕崩，趙曙即位為英宗皇帝，因病而由曹太后垂簾；期間英宗言語錯亂，兩宮之間嫌隙萌生，幸得韓琦、富弼、歐陽修及呂公弼等人堅定支持，翌年英宗痊癒後太后才撤簾還政，但不久就發生了「濮議」。英宗親政，下詔商討追封其生父「濮王」的名分問題，韓琦和歐陽修等宰執認為濮王是英宗的父親，自然應該尊稱「皇考」（「考」是去世父親的意思)，但翰林學士王珪 (1019～1085)、諫官呂誨 (1014～1071) 和司馬光等大部分朝臣都認為，濮王是仁宗的兄長，英宗應稱他為「皇伯」，結果引起激烈爭辯。

平心而論，除了禮制之爭外，雙方亦各有根據，王珪等站在仁宗的立場，趙曙為其養子而繼位，若稱允讓為「皇考」，實在是過河拆橋，置仁宗於何地？相反，韓琦等卻以英宗的角度論事，

已故的生父自然是「皇考」，這是人倫親情。不過，事件演變下去，朝臣都指斥歐陽修等只顧迎合英宗，是阿諛奉承的奸邪，「濮議」之爭一發不可收拾，擾攘了一年多。英宗自然是站在韓、歐的一方，最後與曹太后妥協，得其支持下稱濮王為「皇」（而非「皇帝」），並將呂誨等貶出；誰料司馬光等臺諫官員也全部自請外貶，以示抗議，政局因此極為不穩。呂公弼時為樞密副使，急忙上奏說：「諫官、御史是陛下的耳目，執政是股肱。股肱和耳目，必須相互為用，然後才可以身安而頭腦尊。應該考察他們所說和所做的，看其實在的情由才作進退。」結果英宗接納了他的意見，挽留司馬光，拉攏王珪，情況才勉強安定下來。1067 年，英宗在位四年而崩，「濮議」落幕。

　　神宗繼位後，司馬光等人彈劾善於奉迎的宦官高居簡，要求罷去其近要的職位，神宗卻猶豫未決。呂公弼從旁提醒說：「光與居簡，勢不兩立。居簡只是個內臣，而光在朝中執法，願陛下

選擇其重要者。」神宗問到可以如何，呂公弼於
是建議：「升居簡一官，但解去他近要的職位，這
樣司馬光應該不會再爭辯。」結果，司馬光固然
無話可說，而高居簡也心存感激。呂公弼一言，
解去三方之難，呂家三世執政，自有一定的政治
手腕，仁宗說呂公弼與呂夷簡很相似，或許也包
括這種化解危機的高超技巧。

　　與呂蒙正、呂夷簡等父祖輩一樣，呂公弼為
官，喜歡推薦賢人，也敢言極諫。「濮議」之爭，
呂公弼編集《祖宗故事》進呈，希望英宗以祖宗
為榜樣，任用賢能，珍惜人才；期間英宗談到當
世人物，呂公弼即推薦了十多人，都是傑出的精
英，其中不少人受到朝廷重用，百官都讚嘆「呂
公真知人」。到了神宗時代，因為罪犯增加，韓絳
建議恢復古代殘酷的「肉刑」，政府也同意試行；
但呂公弼力陳不可，嚴厲批評這是腐儒好古之論，
違背了儒家仁政愛民的真義，最後神宗採納了他
的意見。

　　呂公弼行事同樣小心謹慎，他當樞密使，弟弟呂公著後來拜御史中丞，呂公弼以「私門恩寵過盛」，於是自己請求罷職，而呂公著亦辭官。兄弟同居要職，仍能謙讓退辭，家族及自身的發展就不易被人攻擊。而在樞密使任內，呂公弼進行了多項改革，貢獻良多。他又持法守正，不事權貴，王安石即因為他不肯依附自己支持新法，最後於 1070 年將他罷為吏部侍郎、知太原府，再判秦州。1073 年呂公弼去世，神宗哀悼，輟朝兩日，諡「惠穆」。

　　呂夷簡四個兒子年少時都很有才能，他想知道將來那個最有前途，於是有一天就請妻子叮囑侍婢端上四寶器，倒滿茶後在門前故意跌倒摔碎，呂公綽、呂公弼和呂公孺三兄弟都失聲大叫，或跑去告訴母親，只有老三呂公著看到後不為所動。呂夷簡見他遇事不驚、穩重寡言，於是對夫人說：「這個兒子將來必作宰相。」果然，兄弟四人中，呂公著終於在哲宗朝升任宰相，呂氏一門連續三

圖 3：呂公著

代都執掌國家大政。

　　呂公著自幼好學，至廢寢忘餐，據說他「暑
不揮扇，寒不親火，簡重清靜，蓋天稟然」，性格
最是沉穩，樸實無華。他年少時雖以父恩補奉禮
郎，卻選擇以自己的實力考取功名，從家鄉壽州
到京師應試，並遵守朝廷制度，與其他考生一樣
到書鋪遞交報名用的家庭資料。由於呂公著衣著
普通，謙虛有禮，和一般百姓無異，故當他離去
以後，有人問起，才知道是宰相之子，大家都非

常驚嘆。1042 年呂公著中進士登甲科，但呂夷簡竟在成績公布前先向皇帝說，兒子只是擅長詩賦而已，如果名列前茅，恐怕招人懷疑，乞求降其於十名之後，結果得到仁宗同意。

由於父親的謹慎，加上呂公著的謙退，他一直沒有因為自己是宰相兒子而主動請託，仕途上跟兄長呂公弼一樣從基層做起，中舉後十年裡當過潁州通判，又曾在吏部管理官員的資歷考課工作，在崇文院掌修國史，在太常寺管理宗廟禮儀事務等。呂公著在地方上勤政愛民，在中央則恬退守節，仁宗讚揚他身為相門之後，為政卻能務實不以虛華，對他寄予厚望。1061 年，呂公著與司馬光同被召為天章閣待制侍講，成為帝師及顧問，期間他不怕忌諱，敢於勸諫仁宗早日立儲，又多次與英宗討論治國之道。英宗進呂公著為諫議大夫，加龍圖閣直學士。「濮議」爆發，呂公著與呂誨、司馬光站在同一陣線，多番上言極諫，結果英宗雖然大力挽留，最後他還是請求出知蔡

州，不戀棧名位，為當地百姓做了很多善政。神宗立，召呂公著為翰林學士、知開封府，同樣很有政績。史載呂公著每日五更天就開始辦案，賓客幕僚隨時都可與他商討政事，故開封府的管治清明，下情易達。不過，一場「王安石變法」（變法在熙寧二年〔1069〕開始，至元豐八年〔1085〕神宗去世為止，故亦稱「熙豐變法」），改變了呂公著的命運。

王安石是江西人，當時朝廷上北方官僚為多，其中以韓億 (972～1044) 及呂蒙正兩大家族的勢力最強，所謂「韓、呂朝廷之世臣也，天下之士，不出於韓，即出於呂」，王安石遂刻意交結韓億兒子韓絳、韓維 (1017～1098) 兄弟及呂公著三人，其名聲逐漸壯大。王安石博學強辯，其他人都不敢與他爭論，只有呂公著能夠以精確簡約的說話令其心悅誠服。因此，王安石對呂公著最為恭敬，向人說道如果呂公著作宰相，大家就可以退休了，否則天下不會太平。事實上，他們兩人彼此欣賞，

友情深厚，呂公著曾多次推薦王安石，司馬光即對神宗說：「臣與安石的交情不如呂公著。」神宗亦認為王安石與呂公著的關係，「如膠似漆」。原來，王安石和呂公著是同年進士，他們與司馬光及韓維在仁宗嘉祐 (1056～1063) 年間同在朝班，最為友好，假日會相約在佛寺宴飲談話，人稱「嘉祐四友」。於是，1069 年當王安石推薦呂公著代替呂誨為御史中丞時，本以為公著會支持他推行新法，誰料最終卻令雙方關係決裂。

呂公著為人沉厚，卻非因循守舊，他曾上書神宗皇帝，贊成改革宗室法度、減少外戚奏請朝廷薦舉官員等特權，又建議科舉先試策論，處處都證明他重實踐、肯改變。1069 年，〈青苗法〉推行，朝臣群起攻擊，呂公著其實並不完全反對新法，只是不贊成在全國都實施〈青苗法〉，並清楚指出其中的問題，可惜神宗和王安石都沒有接納他的意見。當新法展開後，呂公著往往針對其中的弊病而直接批評王安石的過失，不因私情而

放棄為民請命;他更要求廢除策劃和執行新法的
「制置三司條例司」，認為這個機構名不正言不
順，架空了宰相的職權，其批評最為公允。因為
這樣，王安石對呂公著的態度，從失望傷心逐漸
變成憤怒仇恨，於是將呂公著罷為潁州知州;在
王安石執政的時代，呂公著再沒有更大的發展，
加上他也反對神宗攻打西夏，遂多在地方任職。

1085 年，神宗駕崩，年僅九歲的哲宗登位，
祖母宣仁高太后（1032～1093，英宗皇后、神宗
母親）垂簾，翌年改元「元祐」。高太后是保守
派，聽政後召司馬光回朝，「以母改子」，逐步廢
除新法，史稱「元祐更化」（1086～1093）。神宗
一向看重呂公著和司馬光二人，將立太子時就對
宰相說:「當以呂公著、司馬光為太子的師傅。」
1086 年，宣仁高太后就拜呂公著為「尚書右僕射
兼中書侍郎」（神宗元豐年間改革官制，以「尚書
左僕射」兼「門下侍郎」，以「尚書右僕射」兼
「中書侍郎」，同為宰相官，到南宋就改為左、右

丞相），以六十八歲的高齡，與司馬光同為宰相。
呂公著與司馬光原本就交情篤好，在變法風雲中
共同進退，互相支持，此時二人同堂主政，態度
卻有不同。司馬光在政治上極端保守，想要完全
廢除新法；呂公著則是個踏實的政治家，他認為
新法實施多年後百姓已逐漸適應，其中如〈青
苗〉、〈免役〉、〈保甲〉等法，如能矯正施行過程
中的弊端，百姓還是可以獲利。由此可見，對王
安石變法、對司馬光廢新政，呂公著都不以私交
行先，一切以利民為要。

高太后任用反對新法的「舊黨」官員主政，
將支持新法的「新黨」宰相蔡確 (1037～1093)、
韓縝（1019～1097，韓維弟）和知樞密院事章惇
(1035～1106) 逐一貶走。其中章惇過去曾參奏過
呂公著，此刻因為反對司馬光盡廢新法，觸怒了
高太后，被貶至汝州（今河南省汝州市），後來高
太后想再貶他到更偏遠的地方。當時章惇的父親
在汝州附近，呂公著於是上奏反對，認為讓章惇

留在汝州照顧老父，是體現王朝以孝治天下。高太后不同意，舊黨官員亦有反對呂公著者，適逢章惇兒子又上書為父申冤，言辭間多有詆毀執政，朝廷於是想連他也一併責罰，但呂公著又加阻止，認為兒子為父親而敢萬死不辭，朝廷應該體諒。最後，因為呂公著的勸諫，章惇的兒子才免受罰；而在呂公著力保下，將章惇遠貶的詔書才被追回，讓其可以回到汝州服侍老父。

公道自在人心，章惇其實是個傑出人才，執政期間對國家大有貢獻，先後征服西夏、重挫吐蕃、開拓西南，並在「烏臺詩案」中營救過蘇軾(1037～1101)。可是後來蘇軾和蘇轍兄弟在元祐年間得勢，反而彈劾章惇，而保守派最終更將新黨領袖蔡確貶死於嶺南，種下兩黨的深仇大恨。北宋中葉因變法而引起的新、舊黨爭，雙方由政爭而最終演變至互相傾軋的仇讎，但呂公著待人寬容，除了沒有對政敵趕盡殺絕外，也不會以黨派之分而排擠人才，例如他引薦曾附和王安石的

王存 (1023～1101)，令高太后不悅。惟才是舉，
待人以寬，一直是呂氏的家風。

　　1086 年 10 月，司馬光病死，他之前曾寫信
給呂公著說：「我自生病以來將身體交給醫生，將
家事交給兒子司馬康，只有國事未有所付，今日
就歸於公著你了。」呂公著遂獨相。1088 年，呂
公著以年老為由多次上奏請求退休，但不獲批准，
且拜為司空、同平章軍國事。1089 年 2 月，呂公
著逝世，終年七十二歲，高太后對宰相說：「邦國
不幸，司馬相公既亡，呂司空復逝。」悲不自勝，
哲宗也很哀傷，輟朝三日，皇帝親到其家祭奠，
贈太師、申國公，諡「正獻」，御書碑上刻有「純
誠厚德」四字。不過，後來哲宗親政，重行新法，
新黨當道，屢次追削呂公著的名位，並將他打入
「元祐黨籍」，直至南宋高宗紹興元年 (1131) 才
復贈太師、申國公。呂氏家族的地位和勢力，至
公著兄弟達到頂峰，惟巔峰過後，呂家即受黨爭
的影響而漸趨沒落。

本同心異，黨附新法
——「家賊」呂嘉問

　　1093 年 9 月，宣仁高太后去世，十七歲的哲宗親政，他很崇拜父親神宗皇帝，對舊黨大臣早已很不滿。宋代筆記有一則精彩故事，可見其怨忿：

> 　　哲宗即位時只有十歲，於是高太后垂簾聽政。及哲宗日漸長大，對朝政未嘗說過一句話。太后在宮中，常對他說：「那些大臣奏事，你心中有何想法，何以不表達意見？」哲宗只是說：「娘娘已處分，還要我說什麼？」就這樣更恭謹和沉默不言，長達九年。……宣仁去世，哲宗才親政。哲宗所以心裡懷恨舊黨執政大臣的原因，不單因為他們廢改新法，後來他屢次跟臣僚論及垂簾聽政時的情況，說：「我只看到他

們的臀部和背部」。

高太后臨朝，哲宗的御座與她相對，反新法的大臣向太后奏事時，背朝皇帝，沒有轉身向他稟報，眼中根本沒有這個小皇帝，故哲宗憤憤不平地說只能見到其屁股和背脊。於是，哲宗以「紹述」（即繼承）神宗的新法為名，次年改元「紹聖」，任章惇為相，將「元祐更化」的舊黨大臣逐一貶走，重行新法，史稱「紹聖紹述」（即繼承神宗的新政，1094～1097）。

　　1100 年正月哲宗去世，年僅二十四歲，因為沒有子嗣，向太后（1046～1101，神宗皇后，哲宗母親）遂立端王趙佶為帝，是為徽宗。向太后臨朝稱制，以新黨的溫和派曾布 (1036～1107) 及舊黨的韓忠彥（1038～1109，韓琦子）為相，改元「建中靖國」(1101)，意思是要建立中正之道，平息新舊黨爭，可惜舊黨大臣不肯支持，一意想恢復元祐之政，惹怒了徽宗。九個月後向太后患

病，歸政於徽宗，翌年太后駕崩，徽宗遂改元「崇寧」(1102～1106)，即追崇熙寧，復行新法。徽宗以新黨的蔡京 (1047～1126) 為相，他上任後清洗以前的政敵，貶死舊黨的大臣，將包括已去世的司馬光、呂公著等共一百二十人打為奸黨，由徽宗親自書寫姓名，刻石立於端禮門外，稱為「元祐黨人碑」，規定黨人子孫不許留在京師，不許參加科舉。於是，朝廷元氣大傷，呂家也受到嚴重打擊，其中呂公著三個兒子呂希純、呂希哲 (1039～1116) 和呂希績本來是家族裡名聲最響的，很有才華，可惜因名列「元祐奸黨」，長期貶居於外，無法東山再起。

不過，呂氏家族作官的人很多，政見不可能完全相同。例如呂蒙正的曾孫呂仲甫（1065 年登第），熙寧年間為杭州推官，與蘇軾唱和，1098 年改為江淮荊浙路兼制置鹽礬茶事，處理地方穀粟以供京師之事，他對新法的態度較為審慎，走的似乎是中間路線，故蔡京弟蔡卞 (1048～1117)

對哲宗提及呂仲甫時說：「他曉事卻不敢為非。」但最後卻因為對新法採觀望態度，貶為知海州（今江蘇省連雲港）。此外，還應該提到呂夷簡弟呂宗簡的兒子呂公雅。呂宗簡亦曾登第，官至尚書刑部員外郎，他與呂夷簡感情最好，呂夷簡任京官後自壽州遷居汴京，呂宗簡似乎跟隨同往，但事蹟不詳。呂公雅官至徽猷閣待制，為君主侍從顧問，其生平我們同樣知道不多，他年少時曾居於伯父呂夷簡在京師榆林巷的大宅，應該與呂公弼、呂公著等堂兄弟關係不俗，但他支持變法，在新黨執政時期非常活躍。元豐、元祐及紹聖年間，呂公雅曾提舉開封府界保甲保馬、同管勾京西路保甲保馬等，對新法有很多富建設性的主張；期間，韓絳、孫升、陳次升 (1044～1119) 等舊黨大臣曾多次彈劾呂公雅提舉保馬急功圖利，但哲宗不聽。很明顯，新法、黨爭與呂氏各支族人的興衰關係，不能一概而論。

如果說呂仲甫等族人跟呂公弼、呂公著兄弟

的關係較疏，那麼「家賊」呂嘉問或許更能讓我們思考，「熙豐變法」和「崇寧黨禍」對呂夷簡和呂公著父子一房以至整個呂氏家族的影響，實在耐人尋味。呂嘉問是呂公綽孫，以蔭入官，與王安石相友善，曾布說過：「安石平生所交的朋友，後來多因意見不合而鬧翻，唯獨與嘉問始終不變。」的確，王安石詩文中有多篇寄贈呂嘉問之作，呂嘉問喪母時他又寫了〈祭呂望之母郡太文〉，可見兩人情誼之深。王安石變法，呂嘉問一直是最堅定的支持者。1071 年，王安石引呂嘉問為「條例司」屬官，在酒坊行〈連灶法〉頗有成效，得到賞識；1072 年再負責提舉「市易務」，增加不少稅收，神宗聽說其擾民，王安石卻力保他。元祐年間，舊黨執政，呂嘉問降官三級，元祐元年 (1086) 即貶知淮陽軍 (今江蘇省邳州市)；紹聖四年 (1097) 升為寶文閣待制知青州 (今山東省青州市)，元符元年 (1098) 進戶部侍郎，8 月加直學士，知開封府，依附章惇、蔡卞。最後以龍

圖閣直學士、太中大夫卒，享年七十七歲。

　　將呂嘉問與呂公弼、呂公著等人的仕途起伏比較，可以見到，熙寧年間王安石變法，呂公著等人都被貶於外，呂嘉問卻主持〈市易法〉，備受重用；元祐更化，召回呂公著為相，呂嘉問則被削官三秩，貶知淮陽；紹聖紹述，呂希純兄弟屢遭迫害，呂嘉問反而連續升遷。呂嘉問兒子呂安中娶王安石兒子王雱 (1044～1076) 的女兒、蔡卞則娶王雱之妹，他們幾家人結為死黨，呂嘉問最後得以善終。呂嘉問與呂氏親屬本同心異，在變法和黨爭中背道而馳，這對整個家族的影響，究竟應該如何看待？

　　熙寧三年 (1070)，呂公弼反對王安石變法，準備上書批評；誰料從孫呂嘉問竟將草稿竊取給王安石，讓王安石搶先將其不成熟的意見告訴神宗，結果罷免了呂公弼樞密使之職。呂嘉問這樣做，違反孝悌人倫，背叛了父祖，因此被指為「家賊」，《宋史》亦不將其與呂夷簡、呂公著等人合

傳。按道理來說，呂嘉問出賣叔祖呂公弼以後，
必定令呂公綽與呂公弼、呂公著及呂公孺四房的
關係陷入危機，而自己與父兄輩及本宗之間亦會
異常緊張。事實上，呂公綽的墓誌銘只說呂嘉問
是其孫，完全沒有提及他的生父，呂嘉問與本宗
的情況或可想見。

　　不過，呂嘉問為人亦有可稱道者，例如他曾
力薦名士鄒浩(1060～1111)，後來鄒浩兩次被哲
宗及徽宗貶官，呂嘉問都因「推舉人才不當、有
誤朝廷任使」，受牽累降級，可是他對鄒浩沒有半
句怨言，彼此的交情更深，陸游(1125～1210)就
大為讚賞。另一方面，鄒浩亦稱譽呂嘉問知襄州
（今湖北省襄陽市）時，「政教修明，人以悅服」，
而且大興學校，治績卓越。鄒浩為官忠正，後來
高宗稱讚他：「言論正直，朝野推仰」，他登第後
作地方官時，得到呂公著與范純仁等禮遇，與呂
公著的關係很親厚。那麼，呂公著與「家賊」的
關係如何？陸游曾經記述一事：

呂公著平章軍國時，門下賓客因事與他交談之間，有人說：「嘉問敗壞家法，真是可惜。」公著沒有回答，這人慚愧地離去。另一客人稍留片刻，說：「司空（指公著）尚能包容呂惠卿（王安石副手），何況是族黨。此人妄意迎合，真是可惡。」公著又不答。回家後，子弟問到這兩個賓客的說法如何，公著亦不答。

呂嘉問與鄒浩深交，可知呂嘉問亦非大奸大惡之徒；呂公著性格本就寬厚而有量度，加上親屬關係，未忍重責呂嘉問。因此有理由相信，呂嘉問與族黨的關係沒有完全破裂，事實上，除了「家賊」這個稱號外，他與族人之間未見互相攻擊。在政見分歧下，從熙寧、元祐到紹聖、崇寧間，新、舊兩黨互相傾軋，呂公弼、呂公著等與呂嘉問同族幾代之間，是否可能還有一點香火互助之情，讓呂氏家族整體得以保持一定的力量？可惜

沒有這方面的記載。

　　呂嘉問的父親究竟是誰？這是一個有趣的問題。我們遍查宋代史料，都沒有記載；至於後人編的族譜卻不甚可靠，謎底似乎永遠無法打開。幸而，數年前學者發現了一份新的資料：呂用中 (1091～1162) 在 1153 年寫的〈呂氏墳域圖誌〉，其中透露了一些有用的訊息。呂用中是呂好問的第四子，而呂好問是呂希哲的長子，故呂公著是用中的曾祖父，這篇〈呂氏墳域圖誌〉是他記述呂夷簡一房祖墳的分布情況，我們將其中相關的一小段語譯如下：

　　　　宣和元年 (1119)，於祖墳之西另建兩座墳墓，東邊的墓地具「山門闕角」的形制。其中甲穴葬了侍讀學士（呂公綽）長子，南曹贈少保諱（呂）希傑及夫人王氏。庚穴葬了少保之子，龍圖閣學士贈資政殿學士諱（呂）嘉問及慶國夫人王氏。

　　真相終於揭曉，原來呂嘉問是呂公綽長子呂
希傑的兒子。這段〈呂氏墳域圖誌〉後面還說到
呂嘉問的長子呂建中、二子呂安中、三子呂擇中、
五子呂黃中，長孫呂大成、四孫呂大祉，長女呂
四十娘，及兩個孫女呂五娘和呂十娘等，都一併
葬在祖墳側邊的呂氏家族墓地。由於呂嘉問是呂
氏「家賊」，記錄不多，過去我們以為他只有呂安
中一個兒子，對其他人一無所知，因此這篇〈呂
氏墳域圖誌〉非常珍貴。這裡只想指出，呂嘉問
號為「家賊」，有人以為呂嘉問「與家族整體成員
早已各行其道、互不相干，故他不能成為家族政
治發展史上的代表之一」。但〈呂氏墳域圖誌〉顯
示呂嘉問和其兒孫輩都被安葬在曾祖父呂夷簡一
房的家族墓地群裡，與其他族人無異，故我們相
信他仍然被接納為呂家的一分子。或許，這多少
可以證明，他們之間還是有香火互助之情。

　　新發現的資料，還有呂好問所寫的〈呂氏墳
域圖後集序〉，其中記載原來呂公雅和四個兒子、

兩個孫子也長埋於呂氏家族的墓地群裡，與呂公弼、呂公著為鄰。由此可見，宗人間的關係，與政治路線沒有必然的相連，而新法對整個呂氏家族的影響，不能只以呂夷簡一房為論。況且，族人間日常的往來與關係，史料其實不會記錄，這或許能提醒大家，利用政見、宗族及姻親等視角討論宋代士族與政治時，必須小心謹慎，按個別情況去看，不能以偏概全，妄下結論。無論如何，呂氏家族在新舊黨爭中並未完全傾覆。

偽楚風雲，安邦定國——呂好問

女真族崛起於中國東北的松花江流域，地處寒苦，故族人勇悍善戰。他們原本臣服於遼，其領袖完顏阿骨打（1068～1123）因不堪契丹人剝削，1114 年起兵反遼，翌年建國號「金」。徽宗因為想收復被遼人奪回的「燕雲十六州」（指以幽州和雲州為中心的十六個州，約為今北京、天津

北部，以及河北北部、山西北部地區），於是派使
節從山東出海，越過遼國的阻隔，與女真人締結
「海上之盟」，推動聯金滅遼。1125 年，金人擒
天祚帝（耶律延禧，1075～1128），遼亡；後來又
以宋人多次違約，兵分兩路進攻宋朝首都。徽宗
急忙禪位長子趙桓 (1100～1156)，是為欽宗。靖
康元年 (1126)，金軍攻陷汴京，俘虜了徽宗和欽
宗，翌年扶植張邦昌 (1081～1127) 為帝，建立偽
楚政權。在社稷崩危的國難中，呂好問忍辱負重，
令趙氏宗廟得以保全。

　　呂好問是呂希哲長子，呂希哲自幼跟從大學
者焦千之（？～1080）、孫復 (992～1057) 及胡瑗
(993～1059) 等人學習，後來又與著名理學家程顥
(1032～1085)、程頤 (1033～1107) 和張載 (1020～
1077) 交往，識見更廣，學者稱為「滎陽先生」，
《宋元學案》就立有《滎陽學案》，說他「可以為
後世師者」。呂公著當政時，呂希哲因避嫌而無意
進取，到父親死後才由妹夫范祖禹 (1041～1098)

圖 4：呂希哲

推薦，為皇帝講解經史。崇寧黨禍中，呂希哲被
貶，晚年「衣食不給，有至絕糧數日」。呂好問以
蔭補官，自少跟從父親與當世名士交遊，自己也
是大學者，與「程門四大弟子」之一的楊時
(1053～1135) 齊名，天下人對他都寄予厚望。崇
寧初年，呂好問亦入「黨籍」而獲罪罷官，居於
宿州（今安徽省宿州市），上要奉養父母雙親，下

要照顧族人數百口；當時帥臣蔡卞想拉攏他，呂好問雖然生活艱困，卻以禮自持，不肯依附。後來蔡卞掌政，下屬雞犬升天，遂諷刺他說：「當年你若願意稍稍親近我，現在就可位列顯貴了。」呂好問只是笑而不答。

時局動盪，欽宗為收攬人心，於 1126 年下令解除黨禁，召呂好問入京，賜進士出身，任為御史中丞。欽宗對他說：「卿是元祐子孫，朕特意用卿，讓天下人知道朕的意向。」呂好問於是前後十次上疏，請將蔡京貶至海外、削王安石爵位及廢除〈青苗法〉等。他每次奏對時，即使到了吃飯時間，欽宗仍然會等他說完所有話，非常重視他的意見。11 月金人圍城，呂好問進為兵部尚書，不久京師失守，呂好問跟從欽宗駕幸金兵行營，結果欽宗被拘留，呂好問則被遣回。1127 年 3 月，金人廢徽宗和欽宗為庶民，並限令宋人推舉新的君主，建立傀儡政權，北宋至此滅亡。呂好問得欽宗重用，家族勢力本可藉此重振，可惜

女真大軍壓境，家事與國事難分，結果不幸涉入偽楚風雲之中。

張邦昌，河北阜城縣人，據說當地有「王城氣」，後來他果然為帝。張邦昌在徽宗和欽宗年間依附蔡京的黨羽權臣王黼（1079～1126）及宦官童貫（1054～1126），歷任尚書右丞、左丞、中書侍郎、少宰、太宰等，位至宰相。金兵第一次包圍汴京時，欽宗派康王趙構和張邦昌一起出使金營，商討割地求和。欽宗雖然是亡國之君，卻也有權謀，原來他當太子時與王黼交惡，王黼遂支持得到徽宗寵愛的鄆王趙楷（1101～1130）爭奪太子之位。張邦昌雖未有大惡，但他奉承王黼，欽宗就容他不下；至於趙構，看來欽宗也早已對他有所忌憚，故讓他二人去金營冒險，一石二鳥。誰料金人未見割地憑證，雙方無法達成和議，竟放趙構和張邦昌回朝。不久趙構再次出使，卻在河北被守臣宗澤（1060～1128）勸阻留下，逃過了「靖康之禍」，後任「天下兵馬大元帥」，成為抗

金的總指揮;而張邦昌因為是舊任宰相,徽欽二帝及宗室被俘虜後,留守京師的宋朝官員為免金人屠城,遂推舉他為帝,以作敷衍。

1127 年 4 月,金人正式冊立張邦昌,國號大楚。張邦昌入居大內,呂好問是他的事務官,乘機試探說:「丞相你真是要作皇帝嗎,抑或姑且應付敵人之意然後慢慢再有所計劃?」張邦昌請他解釋,呂好問回答:「丞相知道中國的人心民情嗎?大家只是畏懼女真的兵威罷了。女真人走了後,能保住今天的情況嗎?現在大元帥在外,元祐太后在內,這大概就是天意,何不趕快還政,可以轉禍為福。而且大內不是人臣的居處,應該寄住在殿旁朝臣值宿的盧幕,不要命令衛士在殿階兩側侍奉。敵人所留下的皇袍衣帶,如非女真人在旁,就不要穿上。聖上未回,所發下的文書,不當稱為聖旨。」他更直言:「我們呂家三世輔相,當以扶助趙氏為己任。」如果張邦昌真的有稱帝之心,呂好問這一番話就必然招致殺身之禍,

可是張邦昌卻接納了諫言，並以呂好問暫代門下省的工作。

呂好問輔助張邦昌，只是委曲求全，一方面避免金人屠城，同時暗中勸阻，以免張邦昌作起真皇帝來。他雖然暫代門下省，其實只掛空銜而已，做的仍是昔日在北宋的舊職，朝臣中的漢奸如王時雍（？～1127）等對呂好問諸多嘲諷，他卻說那是欽宗所命，不可擅自變改。此外，張邦昌雖然沒有改元，各個部門的公文卻刪去欽宗年號，只有呂好問所施行的文書必稱「靖康二年」。又有一次，朝臣請張邦昌在紫宸殿（皇帝視朝的前殿）和垂拱殿（皇宮大殿，皇帝處理政務、召見眾臣之處）接見金朝的使節，呂好問在旁警告說：「皇宮內的人忽然見到這個情況，必會憤怒害怕，如有不測的事發生，那怎麼辦好？」張邦昌嚇得停住不動。於是，張邦昌將辦公的地點改在文德殿（皇帝處理政務的活動場所），上朝時穿著普通的朝服，與執政大臣對坐論事，互相以名字稱呼，

自稱為「予」而非「朕」，遇到金人到來時才換上皇袍相見，待其離開後又恢復如常。因此，皇宮裡的侍衛就以伶人在雜劇中假扮皇帝作比喻，說：「張太宰作假官家」（古人以為「三皇官天下，五帝家天下」，皇帝兼三皇五帝之德，宋人因此稱君主為「官家」）。

張邦昌心裡明白這張龍椅並不好坐，始終沒有僭越君臣之禮，呂好問於是乘機策動復國大計。當時金人準備派五千兵馬攻打趙構，呂好問知道後就派人通知他：「大王的軍隊，如實力足夠就截擊他們，否則即應該遠避。」並建議說：「大王如果不自立為帝，恐怕有不當立而立者。」然後，呂好問又向張邦昌痛陳利害：「天命人心，都是歸於大元帥，丞相先派人推舉擁護，則沒有人的功勞會超過你。如果不把握機會，他日被人以義為名討伐時，還有後悔的機會嗎？」於是張邦昌計劃派人奉「傳國之寶」往大元帥府，但須待女真人退走後才出發。不久，金人準備退兵，商議留

下部分軍隊支持大楚，呂好問向金兵游說：「南北所宜各不相同，恐北方的軍隊不熟悉風土，必然無法相安。」對方答道：「留下一個勃堇（部落首領）統領他們就可以。」呂好問再說：「勃堇是尊貴的人，如果因此病倒，則我們負擔的罪孽更深。」結果金人沒有留下軍隊就離開，呂好問立刻派使者到大元帥府，勸進康王稱帝。

為免夜長夢多，呂好問請元祐太后垂簾，張邦昌則同意易服回歸太宰之位，並遣謝克家與孟忠厚攜帶「大宋受命之寶」與太后手書，往濟州（今山東省菏澤市）元帥府勸進康王。元祐太后即哲宗孟皇后 (1073～1131)，一生極富傳奇，可憐卻偉大。她端莊賢淑，受到高太后及向太后寵愛，十六歲就被立為哲宗皇后；但哲宗親政後寵幸美麗的劉婕妤，孟皇后慘被誣陷用媚道妖術，結果被廢，出居瑤華宮作女道士，號為「華陽教主」，當時年僅二十三歲。徽宗即位，孟氏被召回宮，可惜因為黨爭和宮廷內鬥，最後又再復居瑤

華宮。靖康初年，瑤華宮大火，孟氏徙居延寧宮；後來延寧宮又失火，於是遷往相國寺前的民居。被廢出家的孟氏，長伴青燈，世人已經將她忘記；到她五十一歲時，呂好問才讓大家再次注意這個堅毅勇敢的皇后。原來在靖康之禍時，金人將徽宗、欽宗和后妃皇族等三千多人俘擄北去，孟氏既不住在宮中，又因被廢而不在皇室名冊內，故沒有被金人搜捕，逃過大難。劫後餘生，趙氏王室凋零，元祐孟太后就成為穩定政局及最具正當性的號召；她後來又在高宗朝的「苗劉兵變」中垂簾，沉著應付叛軍，協助趙構復位。1131 年 4 月，孟后去世，終年五十九歲，趙家王室讓她半生在冷宮裡煎熬，但在大宋王朝風雨飄搖中，孟皇后卻挽救了國家萬民。《宋史》記載孟氏被冊封為皇后時，宣仁高太后似乎有預感而慨嘆地說：「此人賢淑，可惜福薄罷了！他日國家有大事變故，必定由此人擔當。」

　　1127 年 5 月，趙構在河南商丘即位，是為南

宋高宗皇帝。北宋時代，經太后垂簾聽政而傳遞
天命皇權，曾是處理皇位繼承危機的重要手段；
靖康劫後，呂好問遂利用孟太后垂簾，軟硬兼施
迫張邦昌退位，自己再奉孟太后的手書到趙構那
裡，利用這種傳統，為高宗繼位提供必要的法理
依據。大楚偽政權的落幕與高宗順利入承大統，
呂好問居功至偉，難怪趙構慰勞他說：「國家得到
保全，卿之力也。」至於張邦昌，他後來也親自
去朝見高宗，解釋稱帝只是「權宜一時」之計，
希望舒緩國難而已；高宗最初也認同張邦昌雖然
未能殉國，卻挽救了宗廟及全城臣民，而且張邦
昌自願輸誠，也可以向金人和天下昭示，天命和
民心仍然歸附趙宋王朝和趙構自己。不過，主戰
派的李綱 (1083～1140) 為相後就清洗金人圍城
時不能守節的大臣，呂好問委婉地說：「王業正處
艱難時候，國家事務當然有汙濁，以嚴厲的法律
制裁，害怕的人會很多呢。」高宗原本不一定要
殺張邦昌，但李綱的一句話就成了催命符：「邦昌

僭越叛逆，怎能夠讓他留在朝廷，使路人指著說：
『他也是一個天子啊！』」

　　所謂「天無二日，民無二王」，趙構要建中興大業，自然容不下曾經稱帝的人。最後，高宗就用了一個令張邦昌百辭莫辯的理由，指他跟徽宗的妃嬪華國靖恭夫人李氏有染，將他賜死於潭州（今湖南省長沙市）。扣上這種有違君臣倫理的逆反大罪，有誰敢替張邦昌申冤？《大金國志》記載張邦昌本來貶居在潭州的天寧寺，其中建有「平楚樓」，取自唐代沈傳師 (769～835)「目傷平楚虞帝魂」之句。當宋高宗賜死之詔到來時，張邦昌徘徊退避，執事者迫他登樓，張邦昌舉頭看見「平楚」二字，長嘆一聲，就自縊於平楚樓。高宗為何要置他於死地，「大楚皇帝」張邦昌心裡明白。

　　即使是呂好問，最後也無法置身事外。偽楚風雲，呂好問因功授尚書右丞，後兼門下侍郎，名望至高。當李綱想以叛逆罪懲辦偽楚的臣僚時，呂好問為大家說了句公道話：「指摘他們不能殉國

則可,若直接稱其叛逆,他們又怎會不辯說呢?」結果惹怒了李綱,多次差使下屬議奏圍城的事,例如鄧肅(1091~1132)上疏說:「好問本來不是奸雄,但膽小怕事而已,朝廷不應容許這種鼠輩擔任宰臣。」呂好問自然不是弄權欺世之人,他背負著呂氏三代為相的家聲,當汴京城破之時,對外頂住女真人的軍事壓迫、在內制衡張邦昌的傀儡政權,最後更施計借用元祐太后扶助康王稱帝,其中的艱難與堅毅可見,如非大智大勇之人,絕無可能成功。因此,鄧肅說他是「怯懦」之徒,並不公允。此外,侍御史王賓又攻擊呂好問曾經在偽楚政權受「汙命」,因此不可以立於新朝,言下之意,不罵你落水為「漢奸」已是寬容。

不過,呂氏既是北宋最大的世家,呂好問的貢獻畢竟與別人不同,他多次透過與孟家親厚的弟弟呂言問,與孟忠厚等人商定恭請元祐太后垂簾的大計。高宗就親自為他解釋:「邦昌僭越稱帝之初,好問請人持書向我稟告,具體詳述京師內

外的情況。金人方才退走，又派人勸我稱帝。審察其心意想法，並非其他人可以相比。」有一則很重要又有趣的記載值得注意，在最新出土的呂好問第三子呂弸中 (1090～1146) 的墓誌銘裡說道，他在靖康之禍中曾替康王傳遞訊息，又勸請他早日登位。據此我們有理由相信，高宗提及呂好問「請人持書」向他報告圍城內的情況，事關重大，負責的就是呂好問自己的兒子呂弸中。這樣的話，高宗自然對呂好問另眼相看。

不過，呂好問最終還是不能自安，請求離去，並說：「邦昌僭號的時候，臣如果閉門不理，潔身自愛，實在不難。但因為世代蒙受國家恩典，所以寧願受到賢者的責備，也冒險在圍城裡辦事，派人向陛下報告情況。」呂好問的確無愧於呂公著、呂夷簡與呂蒙正，呂家也無愧於趙宋皇朝。呂好問請辭後，高宗讓他出知宣州（今安徽省宣城市），1129 年封東萊郡侯。後來宋金戰爭越趨激烈，加上盜賊四起，呂好問因為避亂，輾轉流

徙於南方的筠州（今江西省高安市）、連州（今廣
東省連州市）、郴州（今湖南省郴州市）、全州（今
廣西壯族自治區全州縣）等地，1131 年卒於桂州
（今廣西壯族自治區桂林市），享年六十八歲。經
歷王安石變法及崇寧黨禍後，女真人入侵又一次

圖 5：呂好問壙志

打擊宋代這個最重要的世家名族，而呂好問的兒子呂本中和呂用中在高宗年間，仍然多次上奏為父親在偽楚圍城之事辯護，可見此事對他們的傷害。呂好問的子孫輩雖然有人繼續當官，但在國事上連番受到挫折後，呂氏也轉而用心於學術，在政治上的重要性日漸褪色。

文獻傳家，大小東萊
——呂本中、呂祖謙

　　以科舉進身的官僚，本身就有一定的學養水準，河南呂氏自呂蒙正中狀元開始即以學術起家，根基至為深厚。特別是呂公著，他自少勤奮好學，遍覽群書，加上胸襟廣闊，能兼容不同的思想，與歐陽修、司馬光、王安石等著名學者為學友；雖然長期從政，卻沒有放棄講學，主張以「治心養性」為本，追隨的門生很多，《宋元學案》立有〈范呂諸儒學案〉，以他為當世學者的領袖。呂公

著的治學態度，奠下了呂氏家族「博取眾長」的
學風，影響深遠。可惜，由於年代久遠，加上黨
禍的影響，呂公著及其父祖輩的著作大都散失；
而從呂公著以後，呂家再無出現具政治魅力如呂
夷簡者，在內憂（黨爭黨禍）和外患（偽楚風雲）
的困迫下，族人遂轉向學術研究，實現「經世致
用」的救國理想，其中最為人所熟悉的是呂本中
和呂祖謙二人。

　　呂本中，呂好問長子，自幼聰穎，深得曾祖
父呂公著疼愛。呂公著去世時，高太后及哲宗親
臨奠祭，其他的孩子都站立在庭下，太后只喚進
呂本中，撫摸他的頭說：「孝於親人，忠於國君，
孩子你要努力啊。」對他有很大的寄望和厚愛。
呂本中後來以蔭授承務郎，受黨爭和國事的影響，
在宦海裡載浮載沉；靖康年間，不肯依附有「隱
相」之稱的宦官梁師成 (？～1126)，受人讚頌，
聲望很高。1136 年宋高宗召賜進士出身，任為起
居舍人兼中書舍人，後兼侍講、直學士院、史館

修撰等。當時恢復了「黥面」的酷刑，為害極深，呂本中以仁者之心，上疏諫止，得到高宗的接納；他又批評朝廷只有收復中原的志向，沒有實際的策略，國家根本未強，只怕產生其他禍患，故主張：「求人才，救濟百姓的疾苦，講明法度，詳審刑政，廣開直言之路，讓人人得以暢所欲言。然後練兵選將，在長江上游增兵，固守淮河流域，使江南先有不可憾動之勢，等敵人出現錯失時，就可以一舉攻破。」可見呂本中同樣繼承了呂家歷代相業的家風和智慧，寬大、穩重而有計謀。

秦檜 (1090～1155) 在靖康年間得到呂好問的推薦，升為御史中丞，故他與呂本中最初同朝為官，相得甚歡；及至呂本中任中書舍人時，秦檜與趙鼎 (1085～1147) 已分別拜為左、右丞相。呂本中察覺到秦檜有專權的野心，於是勸他在國家多難時要同舟共濟，不可引用親黨，更拒絕了秦檜的拉攏和收買，不肯同流合汙。最後，他因為支持趙鼎反對與金人議和，激怒了秦檜而被貶。

呂本中與秦檜的關係，一如其曾祖父呂公著與王安石的情況，不會因私情而隨便附和或故作奉迎，光明磊落。呂本中年輕時與族人同受黨禍迫害，最後又被秦檜排擠和打擊，未能在政治上脫穎而出，六十二歲去世，謚「文清」。《宋史》說他「才能和謀畫都可以興邦，風骨節操可以激勵世人，但因為意見與執政者不合，退休離開朝廷，可說是永遠叫人慨嘆呢」。

呂本中自幼跟從父祖生活，深知官場的艱難，因此寫了《官箴》一書，要求官員的思想、品格和行為要做到「清慎勤」，意思就是說為官從政者務須清廉、慎權、勤政。這種「清官」之道，可見其報國之志，又有治學之心；這種學者型的性格，不善於鬥爭，也注定他的仕途成就不高。呂本中年輕時就作有詩句：

> 貧賤不可忘，富貴安足羨？我生未三十，
> 種種厭貧賤。宦情肱九折，老味金百鍊。

稍回功名心，來結香火願。……他年從吾
名，同入隱士傳。

至其得罪秦檜被罷官後，一生都不再獲得復用，
卻仍安於貧窮的生活，深居少出，讀書講學，成
就了他在學術上的崇高地位。

　　呂本中的學問，一方面受其父親呂好問及家
學傳統的濡染，又對祖父呂希哲的老師程頤的思
想學術很熟悉；少年時追隨著名的理學家楊時、
游酢 (1053～1123) 和尹焞 (1071～1142) 等學習，
三人都是程頤的入室弟子；後來又向司馬光的門
生劉安世 (1048～1125) 等問學，呂本中曾經說：
「德無常師，主善為師，此論最要。」完全繼承
了呂氏集合各派思想精髓的家風。呂本中的思想
主要是「窮理盡性為本」，在宋代新儒學的發展上
舉足輕重，其著作等身，在讀書、治學、教育、
為官之道等都有很深入的討論。他一生講學，門
人眾多，著名的有林之奇 (1112～1176) 和汪應辰

(1118～1176) 等，是學術界的領軍人物，學者稱他為「東萊先生」（大東萊），清代大學者全祖望 (1705～1755) 在輯補《宋元學案》時，就特別為呂本中立〈紫微學案〉（「紫微」是呂本中的號），以突顯其重要性。此外，呂本中也是宋代著名的詩人，深得黃庭堅 (1045～1105) 和陳師道 (1053～1101) 的句法，被推為「海內盟主」；而他所作〈江西詩社宗派圖〉，最先為宋詩分門別派，影響後世極為深遠。

呂祖謙，學者稱為「小東萊」，呂弸中是他祖父。呂好問在宋室南渡後流寓於婺州（今浙江省金華市），子孫遂定居於此，呂弸中官至右朝請郎，在學術上跟兄長呂本中一樣，都是尹焞的得意門生，同樣登錄《宋元學案》，其學問也是本於家庭。呂祖謙的父親呂大器 (1113～1172) 是呂弸中的長子，官至右朝散郎，知池州（今安徽省池州市）、黃州（今湖北省黃岡市）、吉州（今江西省吉安市），自幼受學於呂本中和呂弸中，得家學

親傳，也登上了《紫微學案》。呂大器又與弟弟呂
大倫及堂弟呂大猷、呂大同等一起在家裡建立了
「豹隱堂」書室，講學其中；而他又娶了當世大
詩人曾幾 (1084～1166) 的女兒為妻，兼受曾幾學
問的影響。呂祖謙在 1137 年出生於外祖父曾幾在
桂林的家中，後來回到曾祖父呂好問在婺州租賃
的官房居住，在「豹隱堂」中跟從叔父輩等攻讀
詩書，年長後追隨林之奇、汪應辰等求學，可見
「小東萊」與「大東萊」的關係密切。

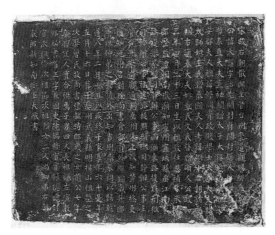

圖 6：呂大器壙志

　　因為家庭變故，呂祖謙的仕途雖然平坦，卻
未成大業。他先以蔭補將仕郎，孝宗（趙昚，
1127～1194）隆興元年 (1163) 中進士第，改任左
迪功郎；不久又中「博學宏詞科」，一年之中兩科
題名，是莫大的榮耀，朝廷特別授予他左從政郎
一職作為獎勵。不過，1166 年因為母親去世，呂
祖謙回到浙江武義縣明招山的家族墓地旁側設廬

圖 7：呂祖謙

守喪，四方的學友和名士爭相到來求教，於是他在金華設立「麗澤書堂」聚徒講學；後來出任嚴州（今浙江省西部）教授，再以太學博士召為國史院編修官、實錄院檢討官，但第二任妻子剛巧又在 1171 年產女後身亡，於是請假離開首都。翌年 2 月呂祖謙受朝廷重用，擔任省試考官，誰料父親竟在同月病危，唯有倉皇返歸婺州，抵家時呂大器已經撒手人寰；可是禍不單行，呂祖謙小女兒又在 11 月因病夭折，雪上加霜。雖然連番受到打擊，但呂祖謙在守喪期間仍與兄弟早晚勤力讀書，繼續講學。

然而，命運對呂祖謙的折磨，最終令其壯志未竟。1176 年，孝宗以李燾的推薦，任命呂祖謙重修《徽宗實錄》，書成後加以獎賞；翌年再下旨請他校正《聖宋文海》，兩年後書成，孝宗認為有益治道，命翰林學士周必大 (1126～1204) 寫序，賜書名《皇朝文鑑》；期間輾轉再授為殿試考官、著作佐郎兼史職、權禮部郎官等。這個時候，孝

宗和宰相周必大都很賞識呂祖謙,他自己也躊躇滿志,以為終於可以實踐平生的抱負和振興呂氏家族。不過,呂祖謙本來就不是一個體魄強健的人,患上「萎痹」,自言「非藥石所能料理」,而長期從事著述與講學的辛勞,再加上家門多番不幸,多番奔走,令他身心疲憊,1178年竟然中風,翌年被迫退休。無論在守喪還是病發期間,呂祖謙都繼續力招師友,玩誦經義不迭;而一向重視友情的他,在1180年2月及9月更先後接到好友大理學家張栻 (1133~1180) 和陸九齡 (1132~1180) 去世的噩耗,令他悲痛不已。1181年7月29日,呂祖謙在病榻中過世,哲人其萎,葬於明招山的祖墳之中,朝廷後來追謚「成」。

　　天妒英才,呂祖謙終年只有四十五歲,加上他幾次剛受到重用時卻都遇上至親身故,結果被迫離開朝廷,在政治上猶如一閃即逝的流星。不過,在學術及思想史上,「小東萊」卻是個巨人,他博覽群籍,一生著作不倦,直到臨死前幾天還

寫信給周必大，興致勃勃談到自己的學術計劃：
「如果有十數年的餘暇，沒有其他疾病騷擾煩憂，
那我在古書句讀訓詁的學問裡，或許有細微的補
益啊。」其遺產驚人，於經史子集皆有著述，現
存所撰文獻幾近六十種約一千萬言。呂祖謙在當
時的學術界，舉足輕重，他與朱熹和張栻並稱為
「東南三賢」，所創建的婺學與朱熹的閩學、陸九
淵 (1139~1192) 的金溪之學共成鼎立之局，其中他
邀約朱、陸二人論學，更是中國學術史上的盛事。

　　中國學術和思想的發展，宋明「理學」是重
要的階段。古代的儒家學說，被認為不夠完善，
主要是欠缺理論支柱。例如儒家學說的核心是
「仁」，但什麼是「仁」？人又為什麼能「仁」？對
於這個問題，孔子常常避而不談，孟子繼承他的
思想，提倡人因為「性善」所以能「仁」，但碰到
同樣的挑戰：人性為何一定是「善」？荀子就不同
意他的看法，主張「性惡」。經過漢代（西元前
202～220）儒學「陰陽化」及「經今古文之爭」

的發展，再歷魏晉南北朝和隋唐時代玄學及佛學的衝擊，到了宋代，熱心儒學的士大夫有意無意地運用了佛、道二教的原理，以「天理」和「人欲」來補充儒學的不足，慢慢形成了以儒學為本、同時又融會了佛道二教的學說，到南宋時日益發揚，形成了學派。這種新發展的儒學被稱為「理學」，其中朱熹和陸九淵是最重要的代表人物。

1155 年，呂大器出任福建提刑司幹官，呂祖謙隨父親住在福建，開始跟朱熹交往論學，很是親密；1175 年呂祖謙從婺州到朱熹的「寒泉精舍」探訪，留居多日，並合編了《近思錄》一書。《近思錄》選輯北宋理學家周敦頤、程顥、程頤、張載四人的語錄而成，為北宋理學之大綱，更是朱子哲學之輪廓。至於陸九淵，呂祖謙與他的相識更具戲劇性。原來呂祖謙曾經讀到陸九淵的文章，很是讚賞，卻不認識他；1172 年呂祖謙為省試考官，看到其中一份答卷的內容就說：「這一定是江西小陸的文章。」結果不出所料，陸九淵因

此對他十分欽佩，從此建立二人多年的友誼。
1175 年 5 月，在呂祖謙的邀約主持下，陸九淵及
兄長陸九齡與朱熹在江西信州的鵝湖寺相會，就
「教人的方法」展開了辯論，這就是著名的「鵝
湖之會」。結果雙方對學問的見解未能一致，卻明
白本身學說和對方的差異之處，後世所謂「朱陸
異同」之辯，即出於此。

　　世人多認識「朱陸異同」之爭，但知道呂祖
謙的卻未必很多。清代的全祖望就說：

> 宋乾（道）、淳（熙）以後，學派分而為
> 三：朱學也，呂學也，陸學也。三家同時，
> 皆不甚合。朱學以格物致知，陸學以明心，
> 呂學則兼取其長，而復以中原文獻之統潤
> 色之。門庭徑路雖別，要其歸宿於聖人則
> 一也。

其實，朱陸之學，都有偏頗，而呂祖謙的學問，

卻承襲其家風，能兼收並蓄，集思廣益的功勞更大。呂氏一家，在北宋時已是累世宰相大族，家學根基深厚；宋室南渡後，呂氏族人更號稱「中原文獻之傳」，登上《宋元學案》者總計七世三十一人，可謂空前絕後，古今罕有。

什麼是「中原文獻之傳」？在中國的學術發展來說，「文獻」包括「師傳」與「典籍」兩方面。在師傳上，呂氏除了自家歷代所誕生的學人外，也與北方中原的重要學者有密切的師友關係，因此對前賢的學問和德行很熟悉，為學上「不私一門」、「不主一說」，吸收融會各家的學術優點。至於典籍，則包括歷代的正史野史，乃至片紙隻字，亦兼及重要的典章制度，這方面呂家三世為相，大量族人作官，包括呂祖謙在內擔任史官的也很多，故對歷代的史事和制度瞭如指掌。因此，呂氏家族在中原文獻方面，涉獵至深。靖康之禍，國家陷於危難，文物制度受到重創，學術發展也自然受阻；高宗將首都南遷臨安（今浙江省杭州

市）以後，呂好問、呂本中和呂祖謙等呂家幾代學人承傳這種深厚的家學傳統，移居婺州，令中原文獻能夠相傳不絕而且發揚光大。

宋代理學鼎盛，人皆認同，但其實史學的發展在宋代也達至頂峰。除了史家輩出如司馬光、李燾、徐夢莘 (1126～1207)、袁樞 (1131～1205)、李心傳 (1166～1243) 等人以外，朝廷的修史機構亦至為完備，加上印刷術發達，私人著述更容易流傳。呂祖謙生逢其時，學問本於家庭，身受中原文獻之傳，再受師友教誨切磋，一方面以繼承理學正統為己任，講論廣博，「尊德性」與「道問學」並重，反對空談心性；另一方面他又潛心史學，了解歷代治亂興衰的由來，將經學與史學鎔鑄，義理與辭章兼長。更加重要的是，中國學術的最高成就，必為「事功」，所謂「天人合一」，就是必須要有實際的事功用以經世濟民，否則只是亂放空話的陋儒末技。「小東萊」身兼理學大師、史學巨擘、文學宗匠，又不立宗派，努力調

和各家學術的異同，注意的是身體力行、學以致用的真學問，實在是一代「通儒」和「真儒」。呂祖謙雖然英年早逝，但所開創的「婺學」（金華學派），不僅在當時的學術思想界舉足輕重，而且一直影響到明代；至於清代的實學乃至近現代所提倡的求真務實之風，無不深受其影響。清代著名學者黃宗羲、全祖望、章學誠 (1738～1801) 及邵晉涵 (1743～1796) 等「浙東學派」代表人物，提倡經史並重的「經世致用」之學，就是呂祖謙這種「文獻之傳」之學。

跟從呂祖謙問學的門人眾多，著名的有理宗（趙昀，1205～1264）朝拜相的喬行簡 (1156～1241)，但其中最重要的自然是其親弟呂祖儉 (?～1196)。呂祖儉自幼受業於父親及兄長，同樣盡得中原文獻之傳，1181 年任為明州（今浙江省寧波市）監倉，掌管當地糧倉存儲出納等事，不料呂祖謙病卒，由於他們兄弟情深，於是朝廷特准他為兄長服喪完滿後才赴任。呂祖儉監明州倉時，

廣交當地學者，與楊簡 (1141～1226)、 袁燮 (1144～1224)、舒璘 (1136～1198) 及沈煥 (1139～1191) 等「甬上四先生」成為好朋友。寧宗（趙擴，1168～1224）即位，授呂祖儉為戶部轄下的太府丞，管理帳簿書押等事。 當時外戚韓侂冑 (1152～1207) 弄權， 想打擊丞相趙汝愚 (1140～1196)，呂祖儉上奏反對斥逐忠良老成之臣；韓侂冑大怒， 遂於慶元元年 (1195) 設置黨禁， 將朱熹、趙汝愚等理學家打為「偽學」，史稱「慶元黨禁」，名列黨籍的都受到不同的懲罰。呂祖儉因此獲罪，被貶到廣東韶關去。後來有人向韓侂冑說：「自趙丞相被貶後，天下人已很痛恨，現在又將祖儉放逐到滿布瘴毒的嶺南去，如果他不幸死去，則怨憤更重，何不將他稍為貶徙到內地。」韓侂冑亦明白眾怒難平，於是才將呂祖儉改調到江西的吉州。

呂祖儉剛被貶時，留在家裡讀書窮理，賣藥為生，出門時就只穿草鞋徒步，為貶到嶺南作好

準備，可見其殉道的決心。後來他的貶所從吉州
再移至高安（今江西省高安市），兩年後去世，朝
廷追諡「忠」。不過，韓侂冑對反對派的處置，其
實不如史傳所說般嚴屬，呂祖儉在吉州安置期間，
一方面可以將家人接來共同生活，另一方面則與
當地士人頻繁往來，問道講學。就連朱熹也感嘆
說，作為被貶的官員，呂祖儉這樣的生活可謂「過
份」。可見呂祖儉的境遇相對還是自由寬鬆的，並
未受到太多的約束和打壓。

當呂祖儉被貶江西時，其族弟呂祖泰
(1163～1211) 徒步跑去探訪他，並對友人說：「自
從我兄長祖儉被貶後，人們都箝口不敢說話。我
雖然沒有官位，但道義上必須以言報國，只是現
在未敢因此連累兄長而已。」及至呂祖儉死後，
呂祖泰就於 1201 年上書，請誅殺韓侂冑，以周必
大為丞相。結果呂祖泰被發配廣西欽州（今廣西
壯族自治區欽州市）的牢城收管。其後韓侂冑在
政爭中失敗被殺，朝廷才下詔洗脫呂祖泰之罪，

任命他為迪功郎。呂祖泰是呂本中長子呂大猷的兒子，曾登進士第，個性豁達，重視義氣情誼；學術上他與呂祖儉同受業於呂祖謙，與當世名士交遊，學問也一樣博通，跟呂祖儉也同登《東萊學案》。呂祖泰雖然最後得以洗刷冤情，但其政治生涯已大受影響，家境更是困迫，母親去世時竟然無力辦理喪事；後來他感染寒疾，留書寫道：「我與兄長一起攻擊權臣，現在權臣已伏誅，死也沒有遺憾；結果只有我自己生還，無以報國，且未能葬母，實在是憾事啊。」不久因病去世，終年四十八歲。

袁燮曾說：「右丞（呂好問）遭逢偽楚漢奸政權之變，雖然不能殉國，但以大義勸服張邦昌的僭逆，迎接恭奉元祐太后垂簾聽政，不能說沒有功勞，但議者最終仍是猜疑他。子約（呂祖儉）及其兄禮部（呂祖謙）口上雖然不說，心裡卻常有蓋過前人過失的心願。祖謙死了後，祖儉獨自擔當門戶的責任，更加奮發振作，終於因為觸及

權貴,獲罪被貶而死。」由此可見,雖然事隔多年,但偽楚漢奸政權的「汙命」令呂氏子弟蒙上陰影,中間雖然經歷秦檜專政,呂本中、呂祖謙和呂祖儉等也名聲鵲起,但他們仍然想奮力洗脫父祖的冤屈。可惜最後呂祖謙英年早逝,呂祖儉及呂祖泰等受到「慶元黨禁」的牽連,家族在政治上的發展從此更一蹶不振。

呂祖謙一生屢遭不幸,但沒有影響其修養與品格,他在思想學術上的寬宏廣闊和兼收並蓄的精神,讓人佩服,全祖望說他:「小東萊的學問,平心易氣, 不想在言語上賣弄而與各個學者爭論⋯⋯真是宰相的氣量啊。」著名的美國學者田浩 (Hoyt Cleveland Tillman) 甚至認為,朱熹的影響力遠超過呂祖謙是在呂祖謙死後之事,假如呂祖謙多活二十年,其思想對宋代文化界和宋代以後文化史的影響力或許會大不相同,至少宋代的政治氣氛必然會有所不同,因為呂祖謙比其他道學家更受朝廷官員尊敬。呂氏家族在北宋出了呂

蒙正、呂夷簡和呂公著等顯赫名相，到了南宋卻
誕生了呂本中和呂祖謙這樣偉大的學者，即使後
來隨著蒙古滅宋 (1279) 而消失於政治舞臺，「風
雪破窯」的呂氏家族，都名垂千古，叫人懷緬。

「新門閥」的形成

一登龍門，聲價十倍

魏晉南北朝以來的世族政治，經歷隋、唐兩代的不同措施打擊，加上「安史之亂」(755～763) 與「黃巢之亂」(875～884) 對全國造成嚴重破壞，使高門大族沒落衰亡，中古的門閥社會遂逐漸崩潰。另一方面，唐代中葉以後，藩鎮割據，地方的軍閥為了與中央政府對抗，均養兵自重，職業軍人便成為一個特殊階層，當時諺語說：「及第不必讀書，作官何須事業。」於是，為了奪權或博取獎賞，各地軍人經常發動兵變，晚唐時出現了「變易主帥，有同兒戲」的局面。五代

(907～960) 政權是由最強大的藩鎮發展而成，兵變的浪潮乃由地方蔓延至中央，趙匡胤就是憑藉禁軍擁戴，「黃袍加身」。太祖開創皇業後，為免重蹈覆轍，除了整頓禁軍外也提倡崇文政策，希望扭轉社會風氣，重建秩序和重拾人心。

宋初忙於南征北討，故太祖只是寬待文士，實際並無多大進用。宰相趙普是吏員出身，為趙匡胤任節度使時的書記，稍懂一點官府的文書工作，學問不高卻很有謀略。他參與策劃「陳橋兵變」(960)，制定統一方略和開國政策，是太祖最倚重的功臣，所謂以「半部《論語》治天下」便與趙普有關，雖然是杜撰的故事，卻也反映其人學養不高。有趣的是，趙匡胤後來跟宰臣討論建立年號，要求用古來未有的稱呼，結果議定為「乾德」(963～968)，但 965 年（乾德三年）宋軍平定後蜀 (934～965) 時竟得到一面刻著「乾德四年鑄」的鏡子，令人費解。趙匡胤詢問群臣，大家都說不上來，於是詔問學士竇儀 (914～966) 及陶

穀 (903～970) 等，竇儀回答：「這必定是蜀地的
物件，以前僭偽的（前）蜀王衍 (899～926) 有這
個年號，應該是當年所鑄造。」（一說是學士盧多
遜進言） 太祖因此很高興地說：「宰相須用讀書
人」。日本學者指出，這是中國人使用「讀書人」
一詞的最早記載。後來翰林學士盧多遜應對縝密
敏捷，制定了盛大的禮儀器物，太祖歡喜之餘又
再重申「作宰相須用儒者」，甚至說「想下令全部
武臣讀書，注重為治之道。」科舉自此便成為宋
代選仕的主要途徑。不少學者於是認為，科舉促
使「士人政治」及「平民社會」崛興，宋代因而
出現了與前代大不相同的社會結構，是「近世中
國」的開端。

　　趙匡胤雖然強調重用讀書人，但因為軍務繁
忙，除了在 975 年（開寶八年）確立「殿試」制
度外，他對科舉的發展和改進其實沒有很大建樹。
太宗繼位後，將十國 (902～979) 最後一個割據政
權北漢 (951～979) 消滅，打算進一步收復還在遼

人手中的「燕雲十六州」，統一中國，於是更需要
大批人才協助統治。此外，宋代立國時內有軍閥
割據、外有契丹威脅，權力受到很大挑戰，故必
須扶植一個親己的精英集團與之對抗，強化中央
集權和提高君主威望，主張「賢治」的讀書人正
適合這個需要。他們在五代軍閥擅權中久被忽視，
無法與王權對抗，加上儒家一向提倡忠君愛國，
新興的宋王朝乃利用科舉將其納入國家官僚機構
內，以榮譽、權力和重酬來籠絡這些精英，鞏固
統治。

　　求治心切的太宗，在即位後第一次舉行的科
舉中，親自到大殿出題覆試，選拔了呂蒙正及以
下一百零九人為進士；過兩天再覆試其他各科，
賜二百零七人 「及第」 及一百八十四人為 「出
身」。當時宰相薛居正 (912～981) 便說：「取人太
多，用人太急。」太宗對這一榜的重視，可從其
賞賜中窺見：賜新及第進士諸科各人綠袍、靴笏，
御前「釋褐」（脫去布衣換穿官服）之禮，由此開

始；又在皇家寺院「開寶寺」賜宴，皇帝親自作
詩兩首相贈，開進士賜宴賜詩的慣例。事實上，
跟前朝相比，太平興國二年這一榜是唐宋科舉史
上的巨變，進士科人數激增，從此以後，朝廷賜
予科舉的封號等級愈來愈高，制度更趨完備成熟。

　　「龍飛榜」是太宗延攬的第一批輔助國家統
治的讀書人，日後自然必加大用，呂蒙正適逢其
會高中狀元，從此官運亨通。宋代經科舉入仕升
至宰相的人很多，但自太祖建隆 (960～963) 至高
宗紹興 (1131～1162) 末年的八十四名狀元裡，只
有呂蒙正、王曾、李迪、宋庠、何㮚 (1089～
1127) 及梁克家 (1128～1187) 六人拜相，而其中
又只有呂蒙正曾三次入相。呂蒙正登第後八年已
為參知政事，後來只有「恩榜狀元」董德元
(1096～1163) 一人可比；而呂蒙正任參政後五年
再拜相，當時太宗即因其太年輕和升遷太快，於
是借開國元勳趙普的威望為首相坐鎮，協助呂蒙
正，這些均可見太宗對呂蒙正的重視與其升遷迅

速的關係。

自太宗大力提倡科舉後，社會上有才能者都投身其中，希望藉此進身統治階層，一展抱負，奪取榮譽、特權和財富。發展下來，宋代特別多「衣冠盛事」，即父子、兄弟或家族多人得意於科場。著名的如陳省華 (939～1006) 三個兒子陳堯叟、陳堯佐及陳堯咨 (970～1034) 皆登進士第，而陳堯叟和陳堯咨更是狀元。父子狀元及第者有三家：張去華 (938～1006)、張師德；梁顥 (963～1004)、梁固 (987～1019)；安德裕 (940～1002)、安守亮，當時人們讚譽說：「狀元俱是狀元兒。」至於王珪一族，更為興盛，其家自太平興國至元豐年間十榜，都有人登科。這些衣冠世家，其崛起和發展均得力於科舉制度，而呂氏家族即為其表表者。呂蒙正登第後，除了自身得享功名富貴外，隨登第任官而來的各種特權和利益，使呂家發展成宋代的名門大族。假如呂蒙正沒有中狀元再拜相，呂龜祥等人的官位或只能維持族人的生

活而已，怎能與位極人臣的呂蒙正相比。

　　宋代科舉中，進士科最受人重視，故當時的精英都投考這科。一些清高顯要的官職如「翰林學士」（內制）及「中書舍人」（外制），必由進士出任，一般人因此都「重科第」而「賤恩蔭」，官僚子弟雖可借父蔭入仕，但有才華者多參加考試，如李宗諤 (965～1012)「恥以父蔭得官，於是只參加科舉，結果端拱二年 (989) 登進士第」。名相蘇頌 (1020～1101) 年輕時除了自己推掉父蔭不肯承襲官職外，也勸勉其弟「應奮發科舉考試，不該從門蔭為官」。而韓忠彥雖以父親韓琦的恩蔭入仕，但他仍努力讀書，最後也登進士第。到了南宋，韓億五世孫韓元吉的學問雖遠過不少進士，孝宗亦破格讓他權任中書舍人，然而韓元吉仍因自己非由進士出身而抱撼。因此，呂蒙正登第為相後，仍鼓勵呂夷簡應舉，不由恩蔭入仕。

　　再者，恩蔭的範圍有限，而財富之傳授亦不易長久，往後的族人便很難憑先祖的餘蔭入仕，

有限的財富亦無法長期延續家勢。因此，要使自家勢力得以維持和發展，則必須要有族人繼續當高官，最好是能當上宰相，這樣所能得到的恩蔭和財富便會更多、更持久。由於科舉是平民晉升的途徑，故想令未仕的族人當官保持家勢，參加考試便是必須的手段。事實上，呂氏家族能夠有如此興盛的發展，除了呂蒙正留下的政治及經濟本錢外，族人中不乏曾中舉任高官者，亦是重要因素。據統計，呂氏自入宋後的第三代族人至南宋滅亡時的第十五代族人中，可考的約有一百六十多人，其中曾登第者至少有二十七人，占 16%；而除了第十代及第十四、十五代因處於宋元改朝換代之際外，其他各代均有族人登第，出仕為官，家勢長期得到維持。配合前章呂家代出雄才的析述，情況清楚明白。

中舉是敲門磚，但如何確保可當大官呢？這牽涉到很多變數，例如個人才能、先祖餘蔭、皇帝賞識、政治環境及運氣等等，不過在制度上，

登第與拜相之間其實有一個重要的「中轉站」：翰林學士。翰林學士一職源於唐代，初期只為皇帝顧問，負責起草詔令；唐中葉後，藩鎮割據，宦官專權，於是天子對其特別倚重。到了宋代，翰林學士職掌起草詔令及參預謀議，由於草詔必須才思敏捷，通曉經史，預謀則必須察古知今，故任翰林學士者必為登第進士。翰林學士起草皇帝的詔令，一方面分割中書舍人的草詞權，從而削弱其上司宰相掌詔命之權；另一方面通過參與謀畫、議論時政、評品高官，更牽制了宰相。而以翰林學士分割中書舍人草詞權，還為天子任免宰相提供了極大方便，君主可先召翰林學士一起議定，然後命其草制，不必擔心泄露機密或是中書舍人袒護上司。因此，翰林學士乃成為皇帝的心腹，日後得以升遷為宰相。由於翰林學士必以進士充當，故從進士上升為宰相的過程中，翰林學士是聯接兩端的橋梁，一旦涉足翰林院，位極人臣的前景便大有希望。

　　呂氏家族中有三人曾為翰林學士：呂蒙正、
呂公綽及呂公著。三人中呂蒙正及呂公著後均入
相。呂蒙正於 983 年自翰林學士拜參知政事，後
於 988 年拜相；呂公著則於神宗時與司馬光並為
翰林學士，後亦雙雙入相。因此，歐陽修便曾稱：
「朝廷用人之法，由翰林學士及中書舍人中，選
取出任宰相和樞密使。」而魏泰也說宋代狀元及
第的，「有未夠五年即為兩制，亦有十年已升至宰
相者」。指的就是呂蒙正一類的例子，亦解釋了登
第、入翰林及拜相的關係。

　　登第既可作官並求得財富和地位，又有機會
借入翰林而拜相，故呂夷簡放棄恩蔭而改從科舉，
後來得以拜相；呂公著和呂祖謙雖早已藉蔭補官，
其後也參加考試，登第後逐步進身要職。至於呂公
弼、呂公孺、呂希道、呂好問及呂本中等，他們亦
早已由蔭入仕，但後來或以父蔭、或以君主的賞
識，因而得獲「賜進士出身」。所謂「賜進士出
身」，是原來非由科舉入仕，因為受到重用，遂由

君主「賜進士出身」，然後才可以任執政，時人視為宋代的「國法」，可見進士科與當大官的關係。

樹大好遮蔭

讀書人推崇科舉而鄙視恩蔭，理學家楊時對此卻極不滿，他認為這令到士人恥於承襲父祖的蔭庇，甘心花費時間與精力於無益的文字遊戲，與孤寒之士在考場中較量，僥倖得到第一就以為很光榮，其實最沒識見。楊時一針見血地說：「所以投身科舉，是因為寒士沒有祿位，不得已而借此進身罷了；如果早已得到，何須應舉？」的確，平民百姓想出人頭地，參加考試是主要的途徑；但登第後要使子孫世保家業，重要的還有恩蔭。

所謂「恩蔭」，就是父祖當了高官，可以上奏請求授予兒孫官職。「恩蔭」是《宋史》所列六種選仕途徑之一。宋初太祖定制：「中書省及臺諫六品官，各部門五品官，必須曾經作了兩任」，才可

以請求蔭補子弟為官。太宗淳化 (990) 改元後，「中書舍人、武班大將軍以上，同時准許蔭補」，從此擴大和增加了恩蔭的範圍。到了 1015 年更下詔訂定承天節（真宗壽辰）、帝皇舉行祭天大禮時恩蔭官員的規則，恩蔭制度至此更為詳細和完備，但也浮濫。

宋代恩蔭之濫，屢為人所詬病，范仲淹慶曆變法〈十事疏〉中的「抑僥倖」，就是針對此制，而哲宗、高宗、孝宗數朝雖多次改革，但成效不大。因此，恩蔭就成為官僚奏補子弟入仕的主要方法。呂氏各代族人中，有確實史料證明以蔭為官的，共有二十九人，占 17%。另一方面，因史料殘缺，不少呂氏族人的入仕途徑未明；但登第在宋代是顯赫大事，失記的機會不高，故當中大部分人應是透過恩蔭補官。

宋代恩蔭之制，主要有致仕、遺恩、聖節（如皇帝生辰）及其他特恩；至於恩蔭的範圍，可包括子、弟、姪及諸孫。呂家的情況可略加析述。

所謂「致仕」，即退休時蔭補子孫，如呂夷簡蔭補兒子呂公著，呂好問與呂弸中分別蔭及孫兒呂大器和呂祖謙。「遺恩」就是父祖去世後的恩蔭，這類例子很多：呂蒙正兒子呂師簡死，遺表蔭其子呂昌宗；呂公著喪滿，蔭補兒子呂希績、呂希哲及呂希純三人；呂公著的遺恩，甚至包括呂好問在內的各個孫子，而呂好問卻推辭，將恩典讓予從父兄；呂好問死，朝廷推恩其弟呂言問；呂本中遺恩澤補子孫一人；呂用中和呂忱中兄弟均以父蔭補官；呂弸中、呂祖恕和呂祖愨（二人為呂用中孫）三人則受祖父蔭；而呂祖儉被韓侂胄貶死平反後，贈蔭一子。至於「聖節」大禮的恩蔭，例子有呂用中孫子呂祖恣。

致仕、遺恩及聖節等均為定例，而特恩則隨時可賜予：1005 年真宗慰勞退休養疾的呂蒙正，特恩遷升其子呂從簡和呂知簡；呂從簡後來犯法除官，到 1017 年上獻已故父親文集，真宗因懷念呂蒙正，特恩重新錄用。此外，前章也提到呂夷

簡呈上所注御製《三寶贊》，詔賜其子呂公弼進士
出身。特恩多出於皇帝的喜好，故宰執自然容易
獲賞，蘇舜欽 (1008～1048) 便說「國朝丞相的兒
子年紀稍長，雖然沒什麼才幹，朝廷也必定升他
們一個好官」。事實上，呂蒙正登第為相後，其弟
呂蒙叟、呂蒙莊及堂弟呂蒙巽都得以補官；甚至
在呂蒙正退休後，仍可向真宗推薦其姪呂夷簡。
呂氏一門相繼執七朝之政，自可蔭補大量族人，
而眾人於補官後又可再恩蔭其他族人，如此循環
往復，呂家的勢力可想而知。

　　樹大好遮蔭，呂氏子弟在父祖的庇護下，在
仕途上無往而不利，成為朝中的勢家。歐陽修為
諫官時，即多次上奏批評呂夷簡為相二十四年，
其「子弟因為父蔭僥倖，得到的恩典太多」。而呂
公著雖號為賢相，但劉安世也彈劾其子弟親戚，
布滿朝廷要津，成為當時的大患。

書中自有黃金屋

《夷堅志》載有一則關於真宗朝狀元陳堯咨
的異事：

建寧城東梨嶽廟所奉拜的神祇，是唐朝刺
史李頻，靈異昭顯。每當科舉之年，士人
祈禱，到那裡的多如絲織。至於留宿在廟
中以求夢啟，沒有不靈驗者。浦城縣距離
府城三百里，邑士陳堯咨苦於貧困，怕花
用過度，不能應舉，於是說：「只有至誠可
以動天地、泣鬼神，這裡有保護學子的祠
廟，我如今唯有拿些香紙去朝拜，應該能
獲得很好的回應。」當晚，宿於梨嶽廟裡，
夢見一獨腳鬼，跳躍四次，邊行邊唱：「有
官便有妻，有妻便有錢，有錢便有田。」
堯咨醒來後將夢境遍告朋友，決意入城應

考。其事在鄉里中流播，鬧得熱哄哄的，或傳以為笑。到了秋天州試放榜，堯咨果然成功入選，最後更一舉登第。

顯靈的並非祠神李頻，而是一隻不知名的獨腳鬼。熟悉宋代民間信仰的人可能會知道，祂跟「五通邪神」很相似。陳堯咨的夢境，未必真是神啟，但獨腳鬼所說的則是事實。在宋代，貧士希望出人頭地，最好是投考科舉，因為登第便可帶來權力、地位和財富，甚至可娶得嬌妻，所謂「書中自有黃金屋，書中自有顏如玉」。陳堯咨日有所思，夜有所夢。根據今人研究，「五通邪神」信仰的一個特點，就是帶來橫財，這個故事正可反映當時一般寒士渴望的「科舉夢」。正如學者指出，「現實的功名利祿和科舉考試的壓力，讓儒家深具理想的『遠鬼神』要求在此變得更加虛弱和無力。」

宋人筆記說呂蒙正微時在洛陽龍門山的寺院

讀書，某天經過伊水時看見有人在賣瓜，他雖然
想吃瓜，但因阮囊羞澀而無法購買，剛好地上有
顆別人落下的瓜，呂蒙正悵然地將這顆瓜拿去吃
掉了。等到呂蒙正拜相後，在洛陽買了庭園，下
臨伊水建亭，便以「噎瓜」為名，表示不忘貧賤
的意思。又有說呂蒙正富貴後很喜歡雞舌湯，每
朝都要喝，一晚他在花園閒遊時，遠望牆角有一
座高高的土山，於是問道是誰人所為。左右說：
「這是相公所殺的雞毛啊。」呂蒙正驚訝地說：
「我吃的雞能有多少？竟會如此。」侍從回答：
「雞只有一個舌頭，相公飲一次湯要用多少個雞
舌？又喝了多久的湯？」呂蒙正默然反省，從此
不再喝雞舌湯。故事原要說明呂蒙正富貴不忘本
的品德，其實更反映他登第前之苦況、登第和拜
相後生活之改變與奢華。

　　後來呂蒙正罷相，太宗便說：「人臣應想想如
何竭盡操守以保富貴，如蒙正以前是布衣，朕提
拔為宰相，現今退在班列，相信他很渴望可以復

位呢。」太宗出身五代軍旅，跟一般人一樣，以為群臣都只求榮華富貴。其實，讀書人在爭取利祿之餘，登第出仕後也自有其「治國平天下」的胸懷，不能一概抹煞。當時錢若水 (960～1003) 就反駁太宗說：「蒙正雖然已登顯貴，但他的聲名威望亦不是濫竽充數……而蒙正原本就未嘗以退罷而憂愁。當今隱居在巖穴裡的清高之士，不求榮譽爵位的人很多……。」太宗聽後默然。

不少呂氏族人是透過科舉和恩蔭兩種途徑入仕，故官俸便成為家庭經濟收入的主要來源。宋初官員的俸祿微薄，幸而物價不高，雖未至饑寒，但生活也很艱困；到真宗景德 (1004～1007) 以後，經過調整的官俸已十分優厚，除了應付日常生活支出外，更能留有餘財。呂夷簡擔任地方長官的屬吏時，月薪有五千八百錢，每天支出不過一百，剩下的用竹筒盛載，「一千用來供養太夫人，一千給妻子持家，八百作為節日祭祀備用」。生活已頗豐裕，日後升任宰相的情況更可想見。

　　此外，宋制規定宰相退休後給半俸，呂夷簡生前長享這種福利，而呂蒙正和呂公著更受皇恩獲發宰相全俸。呂家任官者眾，所得的俸祿似乎不少，足以供養族內諸人，如呂公著就將所得全數用來賑助宗族；而呂好問受崇寧黨禍折騰，「上要奉養父母雙親，下要照顧族人數百口。」生活雖然困苦，但仍能勉強支持下去。

　　高級官員往往得到君主的豐厚賞賜，呂家更因執政多年，屢獲特殊照顧。例如真宗兩次駕幸已退休的呂蒙正府第，賜其金帶、金幣、鞍馬等，全部依宰相的規制；哲宗登位，賜呂公著銀帛，又以神宗《實錄》書成，賜其家銀絹各三百兩疋；呂祖謙則以編《文海》有功，亦賜銀絹三百兩疋。此外，呂蒙正患風眩時，真宗賜他白金五十兩；呂公著去世，哲宗賜其家金帛萬兩疋；呂好問死訊上達朝廷，亦例外獲賜銀帛數百兩疋。這些額外收入對家計維持與財產累積，有一定幫助。

　　宋代又有「祠祿」之制，政府以道觀、或在

名勝之地建宮築祠，優禮罷職的官員前去管理，
其實只是借名食俸，沒有工作。祠祿始於真宗年
間，北宋末年大盛，南宋繼續。祠祿所得雖不及
現任官俸，但收入亦很可觀，呂氏族人多於退休
或貶官時獲賜宮觀。如呂公著於神宗時反新法而
退領崇福宮，呂希純及呂希哲兄弟受黨禍貶斥，
亦得南京（今河南省商丘市）鴻慶觀及武夷山（今
福建省武夷山市）神佑觀等祠祿。宋室南渡後，
呂家仍倚靠祠祿為生，如呂本中因得罪秦檜而宦
海浮沉，先後主管台州（今浙江省臨海市）崇道
觀及江州（今江西省九江市）太平觀；其弟呂用
中亦以宮祠致仕。祠祿儘管有限，卻是生活的重
要支柱，呂祖謙患病時便多次求乞宮祠，希望可
以憑此安居，靜心休養。最近在浙江出土的多塊
呂氏族人墓誌銘顯示，移居武義的族人仕途不算
突出，但多能以宮觀祠祿維持生活。

　　中國人素來重視營治恆產，家有餘資必購置
田產物業，使子孫無憂，豐衣足食。宋代的士族

也一樣，田租是支持其生活消費的重要財源，而田莊的多寡亦成為財富的指標。因此，官吏多競相爭購，仁宗便曾下詔：「君主左右侍從的臣子，除了居住的宅第外，不准在京師廣置物業。」而官品愈高者，收入愈豐，購置的田業愈多；王旦、寇準及畢士安 (938～1005) 等為相不置田業，不為子孫廣營莊園，是很罕見的例子；廉如富弼、司馬光等亦於洛陽買屋築第，呂家自不例外。

呂家在呂蒙正崛起前，已於洛陽購買物業，呂蒙正登第拜相後，又在洛陽永泰坊營置大宅。此外，宋人熱愛購置園池，士大夫在退休後大多購買園池作為休憩之地，呂蒙正也在洛陽集賢坊營建園亭，宏偉壯大，李格非（約 1045～1105）的《洛陽名園記》就說呂蒙正：「財力雄盛，亦足以知其努力經營生計」。至於呂夷簡為相後，家族積兩代任相之財富，勢力已很壯大，他在京師榆林巷的宅第，竟然住了幾千族人和奴僕。此時呂夷簡一支已移居首都汴京和壽州，但在洛陽的經

濟活動似仍繼續，呂公著便於洛陽白師子巷買屋退休。蓋呂家任京官者都居於首都，建有府邸，呂蒙正、呂夷簡、呂公著等相繼營建，至呂希哲、呂希純時仍然如此；但退休的族人則不少回歸洛陽祖屋養老，呂本中便曾有詩歌詠：「伊洛富山水，家有五畝園」。

　　至於在地方任官的族人，亦不乏購有田產，如呂希純知潁州時，便在城南築宅；呂宗簡曾孫呂廣問 (1103～1175) 知池州，也於轄地中的石埭縣界買有田產。宋室南渡後，呂好問一支遷居於婺州，租賃官屋居住，至呂祖謙晚年，遂在城北買宅；南宋末年，即使因病沒有出仕的呂祖義孫子呂宜之，也營建了有房數間的小屋，以備養老。為官可得俸祿，有餘則購置田業照顧子孫，這是正途；但亦有借其勢力以公謀私者，呂游問（呂夷簡和呂宗簡一支的後人）任湖廣總領時，便曾將官屋虧價賣與族姪呂昭中。

　　呂家累積的財產，很是驚人，早在呂蒙正時

代已實力雄厚，例如當真宗即位時，呂蒙正追念
太宗對自己不次之恩，捐奉家財三百餘萬協助營
建「奉熙殿」。到了靖康之禍時，金人攻入汴京，
呂好問又以私財在永慶院辦「聖壽道場」，為君國
祈福。南渡後呂好問的族人流落異鄉，子孫勉強
得保，花果不致凋零，呂氏一族亦得以綿延下去。

科舉與社會流動

　　二十世紀初俄裔美籍社會學家梭羅金
(Pitirim A. Sorokin, 1889～1968) 提出了著名的
「社會流動論」。簡單地說，他認為「社會流動是
個人或社會的目標或價值，從一個社會地位轉移
至另一個社會地位」。這包括了「垂直流動」及
「水平流動」兩種。「垂直流動」指的是一個人因
為所得、聲望等所造成的向上或向下的階層流動，
向上通常是獲得地位與財富，向下則相反。「水平
流動」則指一個人選擇工作或個人遷移等自由所

造成的流動。如果一個社會具有高度的社會流動
率,這個社會就較為開放和平等。

　　歷史學家可利用社會流動論,檢視社會中的
統治階層,是由自身階層內甄選產生,造成封閉
的「門閥社會」;抑或不計較出身,挑選有才能者
任用,形成開放的「平民社會」。在中國的政治社
會方面,過去一般認為魏晉南北朝以來的世族政
治,在唐中葉以後趨於衰頹,至宋代乃出現不同
的社會結構。事實是否如此?二十世紀中葉,美
國學者相信宋代「科舉」作為選仕(向上流動)
的主要途徑,是量度社會流動率的好工具,他們
以高宗紹興十八年 (1148) 和理宗寶祐四年
(1256) 的《登科錄》,計算中舉考生的背景,結果
發現超過半數的進士之前三代都無人當官,故宋
代的社會流動率很高,有一半以上的官僚是透過
科舉從布衣階層進升的。科舉考試乃成為平民爬
升社會階層的「階梯」,是一種「公平」的制度,
宋代與中古中國封閉的「門閥社會」截然不同,

已進入了開放的「平民社會」。

　　到了 1980 年代，另一批美國史家提出完全相反的論調。他們研究宋代官員的家庭、婚姻狀況及出身方式，發現宋初朝政是由一些參與建國的「建國精英分子」家族控制；神宗以後則由一些「專業精英分子」家族壟斷，這些「專業精英分子」很多都是唐代世族大姓所綿延持續而成。另一方面，從唐代以降，很多南方新地主興起，填補了地方上的行政職位，到了北宋中期，他們的子弟開始參加科舉。於是，「專業精英分子」就與這些地方精英地主通婚，繼續控制政府，宋代朝廷多由數個或數十個大家族所壟斷，他們世代為官，互相通婚；新興的南方地主，其權力來源主要是和豪族聯姻，科舉成功只是財富和勢力以外的點綴而已。因此，科舉並無打破唐代以來世族壟斷政府的情況，其對宋代社會流動差不多完全沒有作用。

　　上述爭論引起極大反響，不少學者相繼對宋

代科舉的作用加以修正，指出恩蔭雖是入仕的重要手段，但其重要性是在保持地位，使子孫能藉其勢力再投考登第。的確，當時大部分的家庭不僅無力出錢讓子弟讀書，即使得到資助，一般平民家庭也負擔不起任由子弟閒著上學，並長期在家溫習。因為在古代社會裡，每一個家庭成員都是重要的勞動力和生產力，通過考試入仕的途徑畢竟太小，農家子弟冒險上學是很划不來的事。不過，如果能夠克服限制，則科舉是一個「公正」的制度，為平民開闢了仕途。此外，通婚雖然十分重要，但豪族願意與平民聯姻的一個重要條件就是「及第」，故科舉成功才是真正的保證。事實上，北宋中葉開始，大部分的統治階層精英均來自科舉；南宋以後，恩蔭才較考試重要。研究科舉史的專家同意婚姻對家勢的影響，但質疑大族能否不通過考試而使族人累代為官。

呂家自宋初呂蒙正登第後，逐漸發展成兩宋最顯赫的高門大族，與趙氏政權相始終，是社會

流動的最佳樣本。呂氏族人主要是以科舉與恩蔭入仕，說科舉是一「公正」的考試制度，則恩蔭自然是官僚世襲的特權，如果科舉對呂氏宦途較恩蔭重要，則或可反映宋代的社會流動較大；若恩蔭成為呂氏這類大族保持家勢的主要方法，則布衣自然被擯斥於仕宦門外。然而，科舉與恩蔭其實是互為影響的，中舉者可藉此蔭補族人；而承蔭的又可藉其所獲利益，幫助投資讓族人再考試，反覆循環，何者對一族之發展較為重要，有時是很難分辨的。

呂家第一代的呂韜、第二代的呂夢奇及第三代的呂龜圖和呂龜祥等，在唐末五代及宋初為官，類似所謂由唐代世族大姓所綿延持續而成的「專業精英分子」家族；但呂氏先祖世系記載不盡不實，唐中葉以上的譜系傳承極可能是偽託之辭，故這類所謂「專業精英分子」家族當中，其實不少都可能像呂家一般，只是唐中葉後政治及社會急劇變動下的新興大族。不過，呂家在宋代的發

跡，並非源於頭三代的餘蔭，而是始於呂蒙正登第、入相以後至宋末的延展。由於宋初恩蔭制度並未完備，而呂蒙正母子又見逐於其父，生活無依，極度貧困，故呂蒙正的顯赫仕途，實是其苦學應舉的結果。就此而言，科舉確能為寒士提供一個爬升的機會。

呂蒙正登第後，便可憑藉恩蔭，世襲族人為官，累代保持家勢。這樣的話，科舉對呂家來說，作用會逐漸減少，因為恩蔭仍可使族人繼續當官，獲得政治力量以維繫其地位和財富。但有一點必須考慮，前面提過，恩蔭的範圍有限，數代之後的族人便很難憑藉先祖的功名入仕，舉例說，位至宰相者可蔭子為七品官，而其子當官後便只能蔭子為九品官（品級只是隨意的比擬，並非實際的制度安排）。餘此類推，族人的官品便愈來愈小，再加上子孫繁衍，能獲蔭之比例遞減，到了最後，家道便中落了，假如要振興家族，唯有希望族人再次登第入仕而已。宋代有很多大族便是

因此而衰亡，如名相李昉 (925～996)、李沆 (947～1004) 二族；而宋初名相呂餘慶 (927～976)、呂端 (935～1000) 兄弟一族在其死後，漸趨沒落，要到呂端孫呂誨重登科第，家勢才復振。至於河南呂氏家族，我們可以分別從呂蒙正、呂夷簡及呂宗簡三支來看。

　　呂蒙正九個兒子均得蔭官，呂蒙正死時有孫二十五人和曾孫三十一人，大部分都出仕，然而我們只知道其孫呂昌宗、呂昌辰、呂昌緒、呂昌齡、呂昌祐及曾孫呂仲甫、呂仲敏、呂仲履、呂仲裴數人的簡歷而已，此後便無法找到其後裔的記載。由此可見，單憑恩蔭並不能長久保守家業。事實上，到了呂蒙正孫呂昌辰時，雖以父蔭入官，但家境已很貧困；呂昌辰子呂仲履、呂仲裴得見於史冊，實是因為他們後來也中了進士。這足以證明，在家勢沒落後想重新振起，讀書考科舉仍是最重要的途徑，可惜他們未能當上大官，呂蒙正一房就無以為繼，消失於歷史之中。

呂宗簡亦曾登第,仕至尚書刑部員外郎,其
子呂公雅及孫兒呂希朴都是以蔭補官,但官位不
算很高,到其曾孫呂廣問時已是「少時家貧」。幸
好呂廣問自少就才華卓越出眾,1125 年登進士,
最後封爵「太平縣開國伯」,仕途有一定的發展,
家勢才得以復振。可惜其子呂得中、呂庶中皆早
死,且未有子孫能再及第,終於使其後裔亦不復
見於記載。

呂夷簡一支是整個家族中最興盛者,呂夷簡
和呂公著先後登第、相繼入相,呂公弼、呂公孺
獲賜進士,呂公弼又為樞密使,兄弟等官運亨通,
為家族累積雄厚的本錢,族人均可以得蔭補官。
惟單以恩蔭來維持家勢是不足的,強如呂夷簡一
支也不例外,部分族人如其玄孫呂企中便因自幼
喪父家貧,在建昌縣(今江西省永修縣)漂泊,
後來雖承蔭得官,但到四十五歲才作了個邑宰。
到了呂公著曾孫輩以後,呂家雖仍能藉蔭入仕,
但受惠的已不多,不少族人都很貧困,呂祖泰喪

母時更無力支付殮葬費用。期間，呂好問仍以「元祐子弟」獲賜進士出身，在欽宗與高宗一朝復振家聲，可惜受偽楚風雲影響，旋起旋落。當家族勢力開始走下坡時，幸而呂本中仍獲高宗詔賜進士，而呂祖謙先後登 1163 年進士及博學宏詞科，成為當世大學者，家勢因而得以重振。可惜呂祖謙以四十五歲之壯年早逝，未能使家族復興如昔。

　　理論上，單憑恩蔭也可使家勢綿延，只要承蔭者具備才能及其他因素（如君主寵信），入仕後進升為高官甚至宰輔，則他又可蔭補下一代族人更高的官位。倘若這個家族數代均能湧現這類人才，那只憑恩蔭亦可保持其勢，呂氏家族中呂公弼、呂好問等就是這種情況。不過，要永遠都有這種子孫出現是不可能的，故當族人才幹不及先祖輩時，家勢便開始沒落。於是，又需要有族人投考科舉重振家聲，呂祖謙就是例子。此外，科舉在宋代既較恩蔭為尊貴，又可入翰林以至拜相，則家族中人在補官後而有才華者，何不以其所有

的優勢投考科舉，為家族爭取更多的權力、財富、恩蔭以助發展？呂公著就是如此，他以父蔭補小官，於呂夷簡當政時應舉，終於作到宰相。

「新門閥」登場

科舉與恩蔭對呂氏家勢同樣重要，只有恩蔭固然不能世守其業，惟單靠科舉亦非周全的策略，因為入仕只是保持個人及家族勢力的基本條件，登第後能否作大官才是最要緊者，家族的庇蔭、姻親關係的扶持和個人才能同具影響力。不過，恩蔭和姻戚多隨登第而來，然後與科舉相互表裡，構成家族發展的動力，故科舉仍是最重要的途徑。

呂家的情況，科舉確是其勃興及發展的要素，但我們亦不能過分強調科舉對宋代社會造成很大的流動率，正如史家之論，科舉是一種「公正」但非「公平」的制度。宋代國策提倡「壓抑權勢，進用孤寒」，太祖、太宗嚴講科舉之公正，高官子

弟受到很多限制；992 年又下詔殿試設立「糊名」制度，並規定舉人與考試官必須「避親嫌」，此後又有數次增定。然而，宋代考場舞弊的情況仍然層出不窮，而一些無形的因素，更使世家在科舉中占盡便宜。

宋代雖已禁止唐代「座主」、「門生」之禮，但仍有考生在試前將作品送交宰執審閱，博取名聲，如王曾未登第前就向呂蒙正呈文（呂曾想招王為婿，但王最後成為李沆的女婿）；不少考官亦以其權勢袒護名士，呂祖謙與陸九淵的關係就是如此。此外，士子在登第後均會汲引摯友同窗，如呂蒙正推薦溫仲舒，這些都使寒門受到抑壓。至於寒士準備科舉，多有向寺院投靠，像呂蒙正這樣的例子極多；理學家孫復更因家貧而無法專心讀書，范仲淹對此感慨地說：「貧窮的禍害真是很大啊。」平民讀書，無論是環境、書籍和師資均無法與大族子弟匹比；即使他們能學有所成，赴考的旅費亦是問題，政府及民間宗族組織等雖

能提供補助，但不少百姓還是難以支持，仁宗朝的宰相張士遜 (964～1049) 少時家貧，便想「賣掉田地到京師應考科舉」，無田可賣者更是困難。

從呂氏家族在科舉及恩蔭的情況可見，宋代承接隋唐及五代，門第制度雖已破壞，但科舉與恩蔭並行，大族與平民均有機會入仕，高門更能利用科舉及恩蔭保持其勢。呂蒙正鯉躍龍門，是寒士向上流動的典型；其後呂氏官僚家族的發展，則證明新興的士族也能世保其業。因此，宋代同時存在著平民與世族出身的官僚，社會的「封閉」與「開放」，其實只是兩者分布的多寡而已。

呂家早在唐末已有人任官，類似由唐代世族所綿延持續而成的「專業精英分子」家族，但其在宋代有長足的發展，除了得到世襲恩蔭之利外，最主要是他們能充分利用科舉，以自身的財富、學識、恩蔭等有利條件重新再投資科舉，互為影響，發展及維持家勢，可以說，呂氏家族與科舉結合而使其不衰。這顯示了宋代雖或存在著唐代

大族的子孫，他們雖或仍可享有世襲及婚姻互助之利，但同時亦需要參加科舉以保持其勢。雖然，以高門的地位、財富和權力去投資科舉，仍然占有優勢，社會流動率並非太大，然而其性質已開始轉變，至少大族子弟不再像魏晉時代以其血統和郡望便可為官，他們現在必須與平民在「公正」的科舉考試中決戰，「一切以呈文任去留」，成績至上。

　　最後，單就呂蒙正自貧士崛興來說，我們可將呂家視作一個新興的科第世家，反映了科舉提供的社會流動。然而，當他們作了大官後，為使子孫不墮，於是乃藉其優勢，利用蔭補、財富、宗族互助等再投資科舉，如此數代以後，他們便成為一個憑藉科舉起家及維持勢力的高門大族，阻礙了後進的寒士崛起。同樣地，當那些後進的寒門突破限制登第後，他們又成為阻礙者，這反映出科舉對社會流動所造成的窒礙。用現代西方的說法就是「科舉的異化」。因此，說宋代科舉導

致門閥世族的消滅，這是正確的，但如說宋代因此是一個平民社會，高門大族並不存在，則似乎太過樂觀。因為科舉只導致魏晉隋唐式的門閥大族崩潰，但它同時造就了一些新興的科舉世家，而呂氏等士族家庭則因為能與科舉結合，亦得以轉化保持下來，甚至形成「新門閥」，直到宋亡。

門當戶對

榜下捉婿

　　唐代承接魏晉南北朝的餘緒，高門大族間的婚姻關係仍然講求門當戶對，據宋人的說法，當時的「士人階級大體上分為高下五等，約有百家，均稱為『士』，其餘的全部是『庶姓』，在婚嫁及仕途方面都不敢與百家並列」。很明顯，他們利用姻親關係來確保家族血統之高純，並藉此互相支持，從而使門閥特權得以維持。例如著名的大族「博陵崔氏」，整個家族的婚姻網絡均局限於少數的舊族高門。

　　宋代以科舉取官，士族的婚姻觀念亦相應產

生轉變,遠不如唐代般嚴講階級門第,南宋史家及譜學家鄭樵 (1104～1162) 便說,自隋唐而上,婚姻必取決於家世譜系;自五代末年以來,「婚姻不問閥閱」(古代有功的大臣及其後裔為了彰顯自己的功業,在家門兩側豎立兩根柱子,左邊的叫「閥」,右邊的叫「閱」。「閥閱」就是指家族的功勳和官歷等)。因此,不少人以為,宋代士庶通婚成為風俗,不僅是普通官僚,就連位極人臣的宰相在挑女婿、選兒媳時,也常常不大看重門第。名相王旦就強調自己「婚姻不求門閥」。有趣的是,王旦的妻子是參知政事趙昌言 (944～1009) 的女兒,兩個兒子王雍 (988～1045)、王素 (1007～1073),分別娶了呂夷簡及宰相張士遜的女兒;三個女婿是參知政事韓億、他的同年狀元參政蘇易簡 (958～997) 兒子蘇耆 (987～1035) 和呂公弼,另一女兒又嫁給宋初名相范質 (911～964) 的孫兒范令孫;其姪王質 (1001～1045) 的女兒則嫁范仲淹兒子宰相范純仁。這又該如何解釋?

　　事實上，唐宋之際中國人的婚姻觀念雖有轉變，士族與平民間的鴻溝不如唐代那麼大，但士大夫及官僚仍然喜歡與門當戶對者聯婚，例如寇準娶給事中許仲宣 (929～990) 的女兒，後娶太祖宋皇后妹，其女婿為樞密使王曙 (963～1034) 及宰相張齊賢孫張子皋 (989～1038)、宰相畢士安的兒子畢慶長等。即使沒有說明女婿官位者，亦多強調其姻親均是「良族」或「士族」，例如余靖的六個女兒和歐陽修的七個孫女，全部都嫁給「士族」。這類例子俯拾皆是。

　　如果深入考察，會發現宋代根本不存在魏晉隋唐類型的舊門閥。維持門第制度的一些要素如九品官人法、莊園制等在宋代已經崩潰，舊族子弟既不能憑自身的血統求得一官半職，士人間的婚嫁當然亦不會以此為尚。因此，如以前朝門閥婚姻的標準去看，自然會得出宋代婚姻「不求門閥」的說法；但每一個時代都有高門大族，只是性質不同而已，故唐代大族雖盡式微，北宋必另

有新門繼起。在宋人的筆下,「士人」就是讀書人。一般來說,作了官的和沒有入仕的讀書人都通稱為「士」、「士人」,「士大夫」則專指已當官者;而最常見關於士人家族的稱呼是「士族」,此外還有「世族」、「舊族」、「舊閥」和「著姓」等等。當然,有關這類大族的美稱大都沿襲前朝,實際上並非全都是真正的世家大族;河南呂氏家族累代中舉的族人連綿不絕,加上不少都官運亨通,才能成為宋代的「名族」。這些士族的婚姻觀念雖較前代開放,但並非完全不計較姻家的背景地位。

沒有門閥制度及其特權,宋代新興的官僚便須謀求其他保持家勢的方法,通婚是一種好的手段。士族間藉聯姻而扣緊關係,互相扶持,家族遂得以綿延發展,故宋代累世通婚者屢見不鮮。韓億和李若谷是最典型的例子,他們登第前都家貧,同途赴京考試,一席一氈分而共用。每次外出拜謁,輪流當對方的僕人。李若谷先登第,受

命為長社縣（今河南省長葛市東）主簿，赴任途中，自己帶著妻子和驢子，韓億則為他揹負箱子。將到長社時，李對韓說：「恐怕縣吏快來」。於是將箱中僅有的六百錢分了一半給韓億，相抱大哭話別而去。結果韓億在下一榜亦登第，後來他們都官至參知政事，「世為婚姻不絕」。這是個感人的故事，二人發跡後互相通婚，足見彼此的深厚情誼；而這亦是保持家勢的方法，故兩家後代不斷聯姻，親上加親。

　　通婚如此重要，姻家的地位和背景自然需要慎重考慮，是以宋朝「公卿多有知人之明，見於擇婿」，其標準是「他日都可以官至公卿輔弼」者。科舉為宋代入仕的主要途徑，新科進士自然就炙手可熱，士人一旦中舉，很快會被大臣士族招贅作婿，如韓億「登進士第，王旦以女妻之」。只要有才能，即使家世不算顯達，高官和大族仍願意與之通婚。蓋大族物色前途未可限量的青年才俊作為東床快婿，支持其仕途，等到女婿可以

自立門戶時，反過來得到其協助，以維繫自己的家族。王旦當初不顧家人反對，決意將女兒嫁給韓億，王、韓兩家日後果然同為朝中重臣、當世大族，足見其眼光與目的。

高門看重進士，因為佳婿難求，故爭相在科舉之年選擇剛通過禮部省試登第的士人，完全不問其命格的陰陽吉凶和家世背景，稱為「榜下捉婿」，漸漸成為社會風氣。大族甚至願意為登第的寒婿出錢，資助他們參加慶賀新科進士的「瓊林宴」支出，稱為「鋪地錢」；如果是普通百姓高攀貴族後裔的，則謂之「買門錢」。兩者合而通稱為「繫捉錢」。流風所及，連普通的富商和庸俗者嫁女，亦於榜下捉婿，以豐厚的財富吸引士人，令其俯首，以至用一千餘緡錢招一個女婿。

由此可見，宋人在選擇姻家時並非不問「閥閱」，但重視的不是魏晉隋唐時代那種族望門第，而是女婿的才能和姻家的實力。如宰相杜衍(978～1057) 年輕時家貧，賣書為生，富民相里氏

發現他的才華，就將女兒嫁給他；甚至武人亦不
例外，如仁宗時的武將安俊多選擇士人聯姻，常
說：「我家在座有過半文士，一生就滿足了。」其
實，宋人重視姻家是否為「良族」、「士族」，女婿
是否有才能甚至是登第的進士，因為前者是衡量
宋代新興大族的標準，而後者則為進身這個階級
的主要途徑。宋人這種婚姻標準，其實與魏晉隋
唐式的門閥婚姻有異曲同工之處，宋代士族官僚
的婚姻仍然講求門第，只是「閥閱」的標準不同。
宋人婚姻觀念裡對士族與平民通婚的看法不如唐
代那麼嚴格，是因為宋代的社會流動率遠較唐代
為大，女婿的家世雖不顯貴，但假若他有才能，
憑藉姻家的勢力再加上自己的努力，那他日後仍
能成為權要，故過分強調其家世是沒有意義的。
然而宋人亦非完全不講求姻家的地位，畢竟家世
顯赫者要飛黃騰達及反哺姻家，實在比出身寒微
者容易。因此，宋人一方面既講究姻家的地位，
另一方面亦招贅有能的寒士為婿。

呂家的姻親

呂家為當世高門,其族內的婚姻安排又如何?是否與其他官僚大族形成複雜的姻親網絡?與家勢的發展又有何關係?

呂家頭三代處於唐末五代之際,姻親資料不詳,譜系的始祖呂韜,其妻子只知是「太原王氏」,第二代呂夢奇的妻子則稱「潁川陳氏」,呂蒙正的母親為「彭城劉氏」,強調的都是其郡望出身。當然,由於史料缺失,這也可能是呂氏族人自稱或偽託的資料而已;但呂氏自託其妻家為大姓之後,則更可反映時人仍然重視姻親的地位。簡單來說,不論其姻親郡望的真假,呂氏第一、第二及第三代人物的婚姻觀念與唐代的門閥婚姻仍有相似之處。

據資料統計,入宋後呂氏家族自第四代起,可考的姻戚約有八十多人(包括妻子〔媳婦〕及

丈夫〔女婿〕），其中姻親自身中進士者有十五人，占 17.9%，而呂蒙正長女夫婿孫暨更是 999 年狀元；姻親有直系親屬（指父親、祖父及兄弟者）登第者有三十一人，占 37%。二者合計共四十六人，約占呂氏姻戚總數 58%，超過半數；而所有人又都曾任官，可見呂氏之姻戚均非布衣平民。假若我們再仔細研究，則又可以發現呂家與幾個宋代大族有緊密的婚姻聯繫。

呂蒙亨擔任地方小官時，馬亮一見其長子呂夷簡就很賞識他，知道其將來必定大富大貴，答應將女兒許配給呂夷簡。馬亮妻子知道後怒責他說：「怎可將女兒嫁給一個縣令的兒子？夫君曾經說過女兒將來必定是相國夫人，何以現在竟為她選了此人？」馬亮回答：「你不知道！女兒將來就會是相國夫人！」於是不理妻子嘮叨，將女兒嫁給呂夷簡。近年在安徽合肥發現的北宋馬紹庭及妻子呂氏合葬墓，更讓我們知道，原來馬亮的一個裔孫馬紹庭又娶了呂蒙正的裔孫女，兩個家族

間很明顯是世代為婚，很有意識地要締結緊密的
關係，如圖 8 所示：

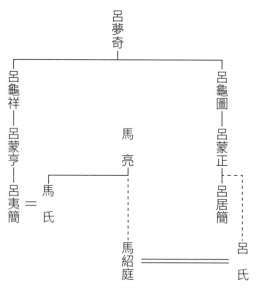

圖 8：呂、馬二族姻親圖（圖中 ＝ 號表示婚配）

此外，呂家與王旦一門亦有多層的姻親關係，
他們連續兩代互相通婚，有了更複雜的「中表婚」
關係（見圖 9）：

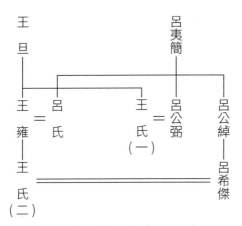

圖9：呂、王二族姻親圖

所謂「中表婚」，是指表兄弟姊妹間締結的婚姻。
中國古代稱父親姊妹的子女為「外兄弟姊妹」，稱
母親兄弟和姊妹的子女為「內兄弟姊妹」，外為
表、內為中，故「外兄弟姊妹」與「內兄弟姊妹」
亦稱為「中表兄弟姊妹」。「中表婚」就是指三代
之內，出自同一祖父母、外祖父母的表兄弟姊妹
間的婚姻。中國文化歷來有「近親不婚」的習俗，
但「中表婚」卻是例外，蓋古人聚族而居，安土

重遷,婚姻網絡狹小,故不少家庭遂以異姓近親作為通婚對象;到了宋代,「親上加親」的「中表婚」遂成為不少官僚大族如呂氏家族的婚姻常態。

仁宗朝的參知政事魯宗道 (966～1029),為人剛正嫉惡,遇事敢言,因其姓氏「魯」是「魚」字頭,人以為其秉性鯁直如魚骨,故稱為「魚頭參政」,他與呂家亦有多層的婚姻關係 (見圖 10):

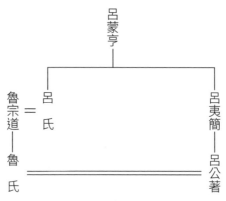

圖 10:呂、魯二族姻親圖

後來王得臣 (1036～1116) 就稱此為「盛事」，他
並強調魯宗道這個女兒「魯夫人，父太師簡肅公
（魯宗道）也，其舅呂申公（呂夷簡）也，夫丞
相、司空（呂公著）也，子（呂）希純中書舍人，
婿翰林學士范祖禹也」。其實，呂夷簡是魯氏的舅
父、也是其家翁；呂公著是其丈夫，也是其表兄
弟。魯、呂兩家的緊密關係與目的，於此可見，
難怪是當世高門士族的「盛事」。

　　第三個與呂氏家族有密切婚姻關係的是真宗
大中祥符八年 (1015) 的進士張盈之 (985～
1062)，他的女兒嫁給了呂希哲，兒子張次元的女
兒又是呂希哲兒子呂切問的妻子（見圖 11）。

　　相似的例子還有進士李中師 (1015～1075)、
仁宗朝參知政事程琳 (988～1056) 家族、吳越
(907～978) 錢氏家族及前章提過的曾幾家族。李
中師登仁宗景祐元年 (1034) 進士，為呂公綽女
婿，其女兒又嫁呂公綽孫呂之問（見圖 12）。

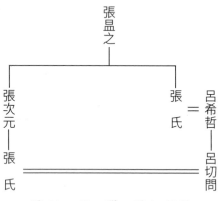

圖 11：呂、張二族姻親圖

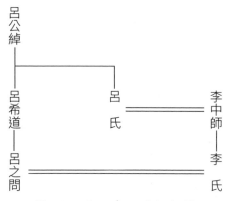

圖 12：呂、李二族姻親圖

程琳為仁宗朝宰執，兒子程嗣恭娶呂公綽第二女，另一個兒子程嗣弼的女兒則是呂希純的妻子（見圖13）：

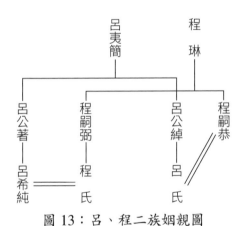

圖 13：呂、程二族姻親圖

程嗣恭與程嗣弼為同輩兄弟，程嗣恭娶呂公綽女兒，程嗣弼的女兒卻嫁給呂希純，這便出現了「異輩為婚」的現象。一般認為，宋代重視人倫，為了防止「尊卑混亂，人倫失序」，故《宋刑統》嚴屬禁止異輩為婚，而一般人亦很遵守此項原則。

然而，程、呂兩家這個例子卻違反了異輩不婚的習慣，究竟當時這個原則之實況如何，仍有待史家再作探討。至於程、呂二族締結「異輩婚」的原因，由於史料所限，我們不大清楚。是否可反映為了加強雙方的關係，即使是異輩婚也不介意呢？

十國之一的吳越王朝，最後一位君主錢俶 (929～988) 獻土歸宋後，頗得朝廷恩寵，與皇家結為姻親，錢氏族人多有尚公主作駙馬者，其中錢俶孫錢暄第九子錢景臻 (1043～1126) 就娶了仁宗的第十個女兒。呂家與錢家的婚姻關係極為複雜（詳見圖14）。呂氏與錢氏聯姻，使呂氏家族亦與趙宋皇室聯上間接關係，對家勢的維持和發展，或許也有點幫助。

曾氏家族和呂氏的婚姻關係，雖始於北宋末南宋初，但兩家的緊密程度，絕不遜於上述各個例子。曾幾，徽宗朝吏部詮中優等，賜「上舍出身」（王安石變法，以外舍、內舍、上舍的「太學三舍法」學校教育取代科舉制度），擢國子正，官

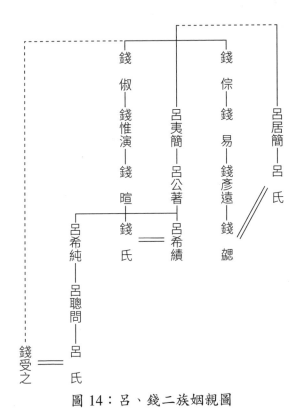

圖 14：呂、錢二族姻親圖

終權禮部侍郎，女兒嫁呂大器，其孫曾棐又娶呂
大器堂兄弟呂大同的女兒為妻；而曾幾另一孫女
則嫁呂大器兒子呂祖儉，故兩家在二代中亦締結

了三組的姻親關係（見圖 15）：

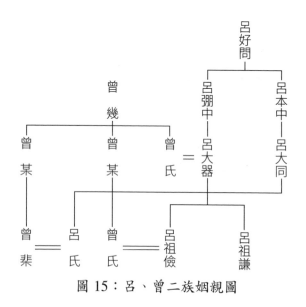

圖 15：呂、曾二族姻親圖

曾氏為南渡後的學術大家，呂氏與之聯姻，對彼此都有利。

近年在浙江武義縣出土的呂氏族人墓誌銘，讓我們知道呂祖謙除了和韓元吉友好連姻外，原來呂祖謙祖父呂弸中的三弟呂用中，其妻是韓璹

的女兒；而韓璹祖父則是韓億的第八子。因此韓
億一族跟呂氏家族也有兩組婚姻關係（見圖16）。

　　還有一種情況，韓琦兒子韓忠彥先娶呂公弼
的長女，呂氏死後韓忠彥再娶呂公弼第三個女兒；
呂希道長女及次女則相繼嫁張埴為妻；到了南宋，
韓維四世孫韓元吉與呂祖謙是好朋友，兩個女兒
亦先後嫁給呂祖謙。韓琦父子都曾拜相，韓億則
為參知政事，安陽韓琦（相州韓氏）及開封韓億
（桐木韓氏）兩家均為宋代河南的名門望族，與
河南呂氏家族鼎足三立，當世稱譽，他們採用「一
夫先後同娶兩個女兒」這種婚姻形態，明顯是為
了強化彼此的關係（當然不排除有其他原因）。事
實上，呂公弼長女臨死時就請求韓忠彥再娶其幼
妹，說：「合二姓之好，不絕如故」。

　　我們再仔細去看，便會發覺呂氏的姻親之間
又有締結婚姻者，於是彼此之間形成了更複雜的
婚姻網絡，其中最典型的是魯宗道、張盈之二族
與呂氏的關係（見圖17）：

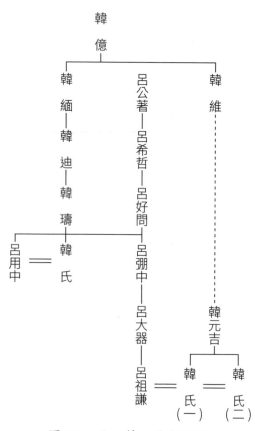

圖 16：呂、韓二族姻親圖

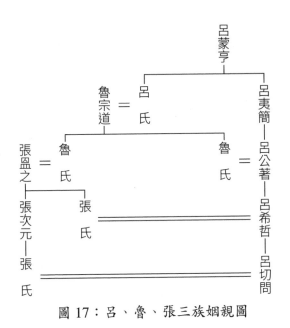

圖 17：呂、魯、張三族姻親圖

與之相似的另一個三角關係是張士遜、王旦及呂
氏三者的姻親關係（見圖 18）：

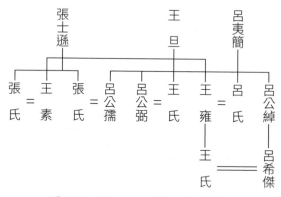

圖 18：呂、王、張三族姻親圖

在中國古代，個人主義還未出現，自由婚姻自然更談不上，於是男女間的夫妻關係，除卻生育的作用外，締結姻親兩家的關係便成主要目的，「合二姓之好」是最好的反映，呂氏家族對姻親之選擇是講求門當戶對的。

枯榮與共

姻親可以互相扶持，士人或官僚與大族聯姻

後便可奪取極大的利益,如「丁恂罷少府簿,長期得不到差遣。一為韓維女婿,即時擢升為將作監丞」。如果姻親官至宰執,則其遷陞更快更易,宋人筆記有一則趣聞:真宗朝宰相向敏中 (949〜1020) 女婿皇甫泌年少不羈,喜歡賭博。向敏中多次勸喻,皇甫泌都未知悔改,向敏中遂向真宗面奏其事,想讓皇帝加以貶斥,他剛開口說道:「臣有女婿皇甫泌……」就碰上朝廷有急報,未有空詳細陳述,他日又想面奏,又遇到一樣的情況。到了第三次,卻是真宗急欲上廁,倉卒引袖而起,遠遠的對向敏中說:「卿多次提到皇甫泌,是想升官嗎?那就升他一級吧。」向敏中不敢爭辯,聽任而退。結果皇甫泌因禍得福,立即升為殿中丞,後來多次掌管大郡,一帆風順直至退休。

一個姻戚為大官,所得的福澤已極大,倘若一人同時有數個姻親居於顯要之位,其勢力更可想見。元祐年間,司馬光的姪孫司馬朴,雙親和姻家都是大族,恩寵至盛,時人說他「對佛殺了

無罪也」。身為宋代兩大相業家族之一的河南呂氏，其「婚姻多大家名胄」，情況自然更甚。例如呂夷簡的岳父馬亮，史稱他「有智略，敏於政事，但所到都沒有廉潔的聲譽」。後來馬亮逝世，呂夷簡為宰相，於是建議給他諡號「忠肅」，雖然輿論都不同意，但馬亮還是獲此榮譽。至於姻親間互相向君主保奏推薦，更是常見之事，范祖禹便曾建議以妻舅呂希哲為侍講，又推薦呂公著外甥楊國寶為館職，而曾仲躬則為外甥呂祖謙求得祠祿。

呂氏姻親均為高門大族，且又互相援引，於是其姻戚子弟乃布滿朝廷內外，如王旦與呂夷簡先後主持政府，結果「內外姻族之盛，冠於當時」；到了呂公著秉政時，批評者說他借薦賢為名，大量引用親黨，隱瞞其姻親關係。而呂公著的外甥楊國寶與歐陽棐（1047～1113，歐陽修子）、程頤、畢仲游（1070 年進士，畢士安曾孫）及孫朴交結執政范純仁及呂公著的子弟，參預密論，官場裡稱他們為「五鬼」，大家都很痛恨，為

清議所不齒。雖然，這些評論或涉及政敵的惡意
批評，事實上當時臺諫官多出於呂公著之門，敢
發一言者不多，唯一例外的是劉安世，他猛烈攻
擊呂公著徇私，枉法提攜擢升女婿范祖禹和邵齖、
孫婿趙演、妻弟魯君貺，以及眾多姻戚如張次元、
胡宗炎、馬傳慶、錢喚及程公孫等，無所忌憚，
叫人側目。案劉安世是司馬光的學生，為人忠孝
正義，論事剛直，人稱「殿上虎」；加上他是呂公
著推薦為諫官的，呂公著實對其有知遇之恩，故
他對呂公著的彈劾應該是可信的。

元祐年間，呂公著與司馬光共同輔政，司馬
光病重時將國事交託給他，呂公著遂獨自當國三
年。呂氏姻親由是遍布於朝，家勢至盛。哲宗登
位，新黨相繼復用，呂希哲兄弟雖先後被貶，但
呂氏另一支族人呂嘉問則黨附新法，故呂氏家族
並未完全失勢。當時呂嘉問亦有透過其姻親關係
鞏固自己的勢力，他的兒子呂安中便娶了王安石
兒子王雱的女兒，因此當何琬和曾布追究懲治呂

嘉問頒布〈市易法〉時有不法之事，王安石多次在神宗面前支持呂嘉問；而呂嘉問女婿劉達（1061～1110，徽宗朝官至中書侍郎）、蹇序辰則為其羽翼，蹇序辰又曾舉呂安中為監茶場。宋室南渡後，呂氏姻族之盛雖未及北宋，但呂家姻戚中陳康伯 (1097～1165) 就曾拜相，封魯國公，死後神位被安放在孝宗的廟廷裡供奉；韓元吉則升至吏部尚書、龍圖閣學士，封穎川郡公；曾幾後來也出任權禮部侍郎，這對呂氏家勢的維持，不無一點幫助。

不過，單憑婚姻紐帶來維護家勢是不太保險的。首先，北宋對士族豪強定下了諸多限制，其中「避親嫌」一項便規定，凡官員親戚於職事有統攝或相關者，必須迴避。1019 年呂蒙正女婿趙安仁為御史中丞，呂夷簡以親嫌，改起居舍人；1085 年呂希績為少監，避姻族韓宗道 (1027～1097)、韓宗古之嫌；范祖禹屢次避其岳父呂公著嫌，辭不就官；而呂希哲的學問和人品雖已堪當

帝師顧問，范祖禹很早已想推薦他，但以妻兄的
原因而避嫌不舉，呂希純亦以范祖禹為妹夫而辭
著作郎；呂廣問則避姻家陳康伯嫌辭侍御史之職。
此外，除了直接姻家需要迴避外，間接的姻親也
不能例外，如范祖禹為呂公著女婿，韓忠彥為呂
公弼女婿，范、韓二人亦要互相避嫌。呂希純便
曾因隱瞞與姻親張次元的關係沒有避嫌，被貶知
歸州（今湖北省秭歸縣）。

　　姻親關係雖可振興彼此家勢，但亦可能會拖
垮對方。在互相傾軋的政治鬥爭中，政敵的姻黨
往往受到連累，這類例子在宋代極多，而姻親常
因避嫌而不敢為對方辨誣。呂夷簡就曾利用此法，
借政敵李迪姻親范諷以陷害他，然而諷刺的是呂
氏家族本身也曾多次受到姻戚牽連：991 年，宋
沆上疏請立許王趙元僖 (966～992) 為太子，犯了
太宗大忌，他是呂蒙正妻族，太宗懷疑這是呂蒙
正授意，呂因此罷相。天聖中，陳詁（1008 年進
士）知祥符縣（今河南省開封市），管治嚴急，縣

吏串謀逃走，想藉癱瘓縣政震動朝廷降罪陳詁，劉太后果然因此大怒；陳詁的妻子是宰相呂夷簡妹，執政以嫌不敢判定，最後要由樞密副使陳堯佐為陳詁伸冤。此外，呂嘉問則因其婿曾誠賄賂曾布兒子曾紆(1073～1135)，受連累落職；但當曾布懲治呂嘉問實行〈市易法〉違規時，其姻親蹇周輔、蹇序辰及曾誠也被貶責。甚至當呂嘉問受鄒浩牽連落職時，其婿曾誠也一併受累罷官。

最能反映呂氏家族與其姻親間互相連累的事件，是發生在神宗元豐年間的「陳世儒獄」。據說當時國子博士陳世儒的妻子李氏憎惡陳世儒的庶母，遂與婢女在家中毒殺了她，開封府審訊後，認為李氏沒有明言指使殺姑，法不至死。由於事涉人倫，神宗十分緊張，懷疑府中有人偏袒以減輕罪名，遂命大理寺丞賈種民追究懲治，結果演變成大獄。此案株連甚廣，由於牽涉多個朝中大臣，而他們之間又有姻親關係，容易受人猜疑。案中的主要人物陳世儒是已故宰相陳執中

(990～1059) 的兒子，其妻李氏為龍圖閣直學士李中師的女兒，她母親是呂夷簡孫、呂公綽女、樞密使呂公著姪女；李中師的另一女兒又嫁呂公綽孫、即呂希道兒子呂之問，呂、李兩家的關係至密；而當時負責查辦的開封府尹是蘇頌，他的妹妹為呂蒙正孫呂昌緒之妻，是以整件案件便牽涉到呂、陳、李、蘇幾個大臣及其家族：

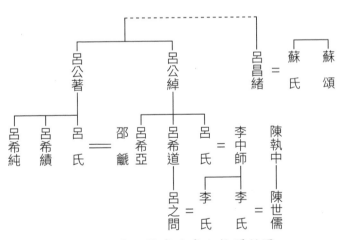

圖 19：陳世儒案涉案人物關係圖

由於「李乃呂氏甥，親黨甚多」，加上蘇頌與呂公著親善，故人們多疑心呂公著請求蘇頌貸免其罪。

的確，以呂、陳兩家的顯赫背景，也許不需要呂氏族人親自出面，查案的各級官員就會主動賣一個人情。事實上，當時呂家子弟為此多番奔走，李氏母親呂氏即向叔父呂公著求助，但為其所拒；而其兄弟大理寺評事呂希亞亦過問了案情，因此干犯報上不實之罪。雖然呂公著並沒有插手，但其姻族多人牽涉入案，故容易為政敵以姻戚互庇的口實攻擊；而負責複查此獄的賈種民就是受蔡確指使要打擊呂家，於是更改李氏的口供，藉以誣陷呂公著，並逮捕了呂公綽女兒（李氏母親）、呂公綽兒子呂希亞、呂公著女婿邵鱺和陳世儒的連襟晏靖等。結果連蘇頌亦不能自安，呂公著則避位待辨於家。最後，經李定（1028～1087）、舒亶（1041～1103）等多次上奏後，神宗才覺悟，陳世儒及李氏伏罪，賈種民貶官。

呂公著及蘇頌等最終逃過一劫，但此獄卻能

見到士族間的姻親關係也可能有負面影響。陳世儒案的罪犯本來只有陳世儒及妻子李氏二人而已，但因為姻親關係，原不相干的人如呂公著、呂希亞、呂希純、呂希績、蘇頌及邵籲等相繼受嫌被累，雖然當時呂氏「親黨甚多」，遍布於朝，而呂公著自己又為同知樞密院事，但呂氏姻戚仍受到賈種民諸多迫害。由此可見，一人、一族的起落，往往影響到各個姻親的盛衰。姻親關係作為維繫「新門閥」的手段，枯榮與共，有利也有弊，不可不察。

合二姓之「好」

「新門閥」呂氏家族與其他大士族聯姻，自然有互相扶持的意味，但如果認為婚姻對宋代的官僚世家來說，只是壟斷統治階層的手段，那就未免以偏概全，而由此引伸出宋代是個社會流動率很低的「封閉社會」，更值得商榷。《禮記》說：

「昏禮者,將合兩姓之好,上以事宗廟,而下以繼後世也。」古代中國的婚姻,從來都是兩姓互惠的關係;不過,《說文解字》又謂:「好,美也。从女、子。」可知婚姻之「好」,其實也是包含一女一男相愛和睦的意思。

呂氏子女的姻緣,除了姻戚兩族的利害關係外,原就包含有更多的情感和文化要素。例如王安石和呂嘉問交情極深,他一再強調自己與呂嘉問親厚,並非因為是姻戚,重要的是彼此政見和志向相近。很明顯,他們兩人是因為政見一致而變成好友,然後才撮合兒孫的婚事。又如曾幾的兒孫輩與呂氏連姻,但曾幾早與呂本中、呂用中等相善;呂祖謙更與潘景回兩世交好,其女兒才嫁潘景良為妻;沈煥 (1139~1191) 亦與呂祖謙、呂祖儉兄弟唱遊多年後,女兒才嫁給呂祖儉兒子呂喬年;而呂祖謙與芮燁 (1115~1172) 交好,但呂祖謙娶其女兒則在芮燁去世之後。可見除了互保家勢外,士大夫間的友情交往和政見相合也是

呂氏擇婿選媳的條件。

　　浙江明招山新近出土韓元吉所撰其長女（即呂祖謙第一任妻子）的墓誌有很珍貴的記錄，值得我們細看：

> 吾六世祖冀公（筆者案，即韓億）與黃州（即呂大器）六世祖文靖公（即呂夷簡）同事仁宗在政地；五世祖宮師（即韓維）與黃州五世祖正獻公（即呂公著）友善，又同輔元祐；黃州祖右丞公（即呂好問）及吾諸祖父為兄弟交，兩家族姓甲天下，契誼甚厚。吾從姑（即韓維弟韓緬孫韓璹的女兒）嫁右丞第四子秘閣（即呂用中）。吾女幼時，姑見而愛之，謂宜歸呂氏，而祖謙行適等，故以歸焉。

這裡提到韓元吉把女兒嫁給呂祖謙的原因很複雜：兩家祖先數代同殿為臣、共襄國政（在政地、同輔元祐），且為友好（友善、為兄弟交、契誼甚厚）；

圖 20：呂祖謙妻前韓氏墓志

韓呂二族同為當世大族、門當戶對（兩家族姓甲天下），累代聯姻（從姑嫁右丞第四子秘閣），使兩個家族容易認識對方，結成婚姻（吾女幼時，姑見而愛之，謂宜歸呂氏）；最後再加上對象條件合適（而祖謙行適等，故以歸焉）。由此可見，說士族間的婚姻網絡只是維持其政治和社會地位的戰略，就完

全無視了他們與其姻親早已交篤的實情。

　　其實，強調官僚和士族階級間聯姻之政治目的，往往會忽視了當中的社會文化意義。西方學者在研究宋代士人時，就特別重視其階級的社會性，指出具有相同行為模式的人乃可視作屬於同一個社會階級，是以宋代的「士大夫」只是一種文化現象，必須從他們的起居習慣、談吐行為來認識他們。因此，士大夫或士族階級擁有相同的行為模式，而其日常行為就是表徵。推而論之，婚姻亦應是宋代士族的行為表徵之一，蓋士大夫間和大族間的交往，彼此的文化背景相同，生活習慣相近，所以當他們要為兒孫選擇婚姻對象時，很自然便會選擇日常與之交往而具同一文化現象的同一社會階級，於是便會出現大族多與大族聯姻的客觀現象。所以，「竹門對竹門、木門對木門」這類說法，除了政治社會的意義外，應該是有文化上的意義。

　　有一個很有趣的現象值得注意，在南宋婺州

士族的婚姻網絡中，歷史學家發現其女性族人似
乎特別喜歡與其娘家持續地聯姻，箇中原因是兒
媳如果同時又是姪女或外甥女的話，當然比陌生
人更好；同樣地，比起讓自己心愛的女兒嫁入一
戶她無從溝通的陌生人家當媳婦，士族婦女也更
願意看到女兒成為值得信賴的兄弟家中的兒媳。
前引韓元吉女兒墓誌銘提到其自少已被從姑（呂
用中妻）青睞「謂宜歸呂氏」、後來終於嫁入呂家
為呂祖謙妻子，就是最好的例子，也顯示呂氏家
族等士族締婚之目的，不完全都是政治和社會上
的考慮。再者，前面提及呂公弼長女臨死時對韓
忠彥說：「我有幼妹在家，夫君若能顧全對我的舊
恩而接續迎娶她，必能撫養憐恤我兒子啊……。」
親妹一般來說比外人更好更可靠、情感上也更親
密，這種為照顧孤雛的意願，可能更是實際。

提到情感，姻戚兩家之「好」，也並非必然，
雙方交惡的例子也不罕見。知名的如富弼指斥其
岳父晏殊 (991～1055) 黨附呂夷簡以欺騙仁宗；

歐陽修支持范仲淹變法，其岳父胥偃（1012年進士）則多次攻擊范仲淹改變祖宗家法，翁婿二人由是有嫌隙；歐陽修與王拱辰（1012～1085）雖同為薛奎（967～1034）女婿，但王拱辰支持呂夷簡，歐陽修則力主范仲淹，兩人之間勢成水火。呂家的情況，呂公著與蘇頌既為姻親，又是在科場中認識的好朋友，但他們便曾對「侍講賜坐」一事各持己見；而呂氏及韓琦兩家姻族的後人更互相攻伐，最後韓侂冑貶斥呂祖儉、呂祖泰兄弟，對呂氏家族的發展造成極大的打擊。因此，姻親間的利害關係，必須按個別例子討論，不能以偏概全，否則便會將姻親集團中的一些利益關係無限擴大，所得的結論亦極為危險。

　　宋代官僚士族要屹立不搖，婚姻關係雖然十分重要，但考試成功畢竟才是真正的保證，因為一個家族欲藉聯姻以保持家勢，則其選擇締婚的對象除地位相等的高門大族外，必須是年輕有為的士人和登第者，這樣將來才有可能反哺姻家，

互惠互助。也就是說,科舉考試成功本身是與士族聯姻的一個必要條件,試問一個落泊潦倒的士子,又有哪個官僚大族願意招他為婿呢?孫抃(996~1064)之例,最能說明這個道理:孫抃三個姐姐都嫁予豪族,生了兒子後又互相聘娶,只有孫抃因為是個讀書人而不得與他們通好。後來孫抃登第,這三家人才來求婚,他亦不拒絕,又給他們保舉及恩蔭,其子孫入仕的有兩代。

總括來說,呂氏家族利用姻親關係或以權謀私等雖有助家勢發展,但讓子孫讀書考試然後作官,仍然是最正常有效的手段。不過,當家族崛興後,與官僚大族締結婚姻關係以求互相援引,不失為保持家勢的一種有效辦法,日本學者將呂氏家族的這種情況稱作其「家格」,意思就是其族世代沿用的成法。況且,當呂家與另外一個士族家庭不斷通婚時,兩家就逐漸由「姻親」而兼有「宗親」關係,「門當戶對」其實也是因為要休戚與共,互相扶持。

收宗睦族

宋代的新宗族組織

中國是一個由父系宗族組成的社會，以父系血緣為基礎，以宗法為重。一個人由自己算起，上至高祖、下至玄孫的男系後裔及其眷屬配偶，通稱為「本宗九族」。本宗九族範圍內的親屬在喪事期間，要為死者服喪，關係親近者居喪服制愈重，關係疏遠者居喪服制愈輕。「服制」按服喪期限和喪服的粗細不同，分為「斬衰」、「齊衰」、「大功」、「小功」和「緦麻」五等，即一般所說的「五服制」。因此，中國家族的基本結構就是「五服制」。「服制」像一個可以伸縮的同心圓，

愈接近內圈的成員不但血緣愈近，日常的生活關係也愈密切，其中最親密者不但一起居住，而且共用財產。「同居共財」的單位即是通常所說的「家庭」。

現代的人類學家在研究「家庭」作為一種社會生活的單位時，有不同的分類方法，其中或用「核心家庭」 (Nuclear Family)、「主幹家庭」 (Stem Family) 和 「共祖家庭」 (Lineal Family) 等概念來進行析論，有趣的是，這三種分類都包含於中國的「服制」裡。秦漢時代，家庭以夫婦及其未成年子女組成的「核心家庭」為主；東漢以後，受儒家倫理影響，父親在生而兒子分家的情形減少，家庭結構從「核心家庭」轉為祖、父、子一起的「主幹家庭」，但還不是共同祖父所有成員同居共財的「共祖家庭」；到了魏晉南北朝和隋唐之世，「共祖家庭」增多；宋代以後，「共祖家庭」相對減少，甚至有父母健在，諸子就瓜分財產；不過，隨著宋代新宗族組織的出現，發展下

去,「主幹家庭」或「共祖家庭」成為元代以後中國家庭形態的主流。

唐末五代的戰亂,令門閥士族受到極大打擊,以血緣為紐帶的宗族組織也隨之崩潰,族人星散,宗法關係鬆弛。宋代建立前後,出現了宗法關係紊亂、宗族觀念淡化的社會現象。新的宗族模式還沒有出現,但骨肉親情畢竟難忘,故除了「家」以外,宋代士人仍然重視「宗族」,雖無嚴密的宗族組織,族人遇到厄困時卻多會伸出援手。名臣如畢士安、呂誨、王珪、杜衍等,他們生活節儉,俸祿所得,有餘就賑濟貧困的族人;王洙 (997〜1057)、趙抃 (1008〜1084)、韓絳、范百祿 (1030〜1094) 等則 「孝於宗族」, 族人有孤寡不能自立的,就為其辦好嫁娶之事。然而,由於宋代缺乏門第制度的保障,在高漲的王權和科舉選仕制度的衝擊下,官僚及士族不易保有自身及家庭的地位,更遑論維持宗族的勢力,故一些敏感的士大夫開始意識到要尋求自助或自救的方法,新的宗

族組織遂逐漸醞釀產生。

　　與范仲淹同在兵間的韓琦首先致力其家族的維持，他搜集家族的資料，修撰墓誌銘，修繕祖墳，建立家祭儀式，又收藏書籍供子弟讀書，並誡其謹言慎行，力學不懈，以確保官宦及士族的地位不墜。另外，一些士大夫則提倡恢復「家廟」之制。案家廟是貴族的象徵，唐代以官品定貴族，令他們擁有宗廟；宋代士大夫醒覺其地位不易保存，於是希望藉「家廟制」強化家族地位，富弼和文彥博 (1006～1097) 等均曾參詳古法建立家廟。仁宗慶曆元年 (1041) 郊祀祭天，為了向百官推恩，頒布任由文武百官依舊式建立家廟，然而因為古今制度不同、環境迴異，故成效不大。不過，在宋代學者的鼓吹下，家廟開始在下層社會流播，庶民也由原來在家裡的「寢祭」趨向立廟拜祭遠祖；家廟由唐代貴族階級的特權制度，慢慢演為平民祭祀祖先的活動中心——祠堂。至南宋時期，朱熹撰寫《家禮》，將祠堂列入了首要的

地位，元明以後就普遍起來。

　　至於張載和程頤等理學家，更主張復行周代的「宗子制度」。張載提出「立宗子法」，可以團結宗族，管攝天下人心，令社會風俗淳厚。所謂「宗子」，即是族長，作用是透過上下尊卑、親疏遠近之序團結族人。程頤的解釋則更是詳細，他認為自從「宗子法」崩壞以後，人們不知自己來自何處，以至流轉四方，「往往親未絕，不相識」。而後世骨肉之間，多至仇怨忿爭，其實是為了爭財。因此，只要政府立了宗法規制，就可以解決問題。程頤更將宗子之法與國家統治拉上關係，指稱「現在沒有宗子法，故朝廷沒有世代建立功勳的舊臣。如果設立宗子法，則人們便知道尊祖重本，朝廷的威嚴自能尊大。」到了朱熹，將其制度加以完備，大力鼓吹，從此宗子之法和祠堂祭田等便大量湧現。《禮記‧祭統》說孝子事親有三道：「生則養，沒則喪，喪畢則祭。」宋人倡復家廟和宗子制，與整體儒學復興有關，也是宋代

士人讀儒家典籍後的實踐。不過,這些官僚學者努力倡復「宗子法」,部分原因是基於個人及家族的考慮,希望透過這種制度能夠讓族人之間世代互助,保障共祖子孫的利益;而且,在每代之中只要有一個族人能保持官宦及士族的地位,則整個家族便有所憑藉,不致沒落,亦不需過分依靠王權。

與宗族有密切關係的還有譜牒之學。按族譜的內容是敘列世系、宗廟及墓地的輩分次序(延伸至民間的祠堂,即是神主牌的擺放次序),即所謂「奠繫世、序昭穆」,是宗族團體的記錄。宋代有不少對譜學有研究的官僚學者,如王旦和宋敏求等,而韓琦在多番搜查後,亦能重整其族譜,但普遍的情況並非如此,鄭樵就說:「自五季以來,取士不問家世,婚姻不問閥閱,故其書散佚,而其學不傳。」考其原因,在魏晉南北朝及隋唐的門閥時代,譜牒乃用來誇耀門第,並由官方的「圖譜局」審核備案,作為任官的依據,故自然

受世家大族所珍視及把持；宋朝經歷五代亂世，門第破壞、郡望解體，任官亦不以血統為尚，故舊式的譜牒學也隨之而亡。

　　仁宗年間，歐陽修和蘇洵 (1009～1066) 不約而同地提出新譜例，並以自己的家族為本，修撰《歐陽氏譜圖》和《蘇氏族譜》。歐陽修以為一般人不能確知祖先世系，與其附會穿鑿，不如從自己可見之父祖為起始，依照宗法制度，以表格圖式呈現，每五世繪一圖，第二圖為五世至九世，第三圖為九世至十三世，餘此類推。這樣順序記載家族歷史的源流，以時代為經、人物為緯，每一世都附記兒子數目，並按長幼順序於下一世分別列出，使整個家族傳承脈絡、親疏關係一目了然。此外，每張圖表由右向左排列，每個世代人名左側可記述生平功業、婚姻、壽紀、葬地等，層次清晰、一目了然；蘇洵的譜學則強調小宗之法：「凡嫡子而後得為譜，為譜者，皆存其高祖而遷其高祖之父。」這些族譜的性質與前代截然不

同，因為世族大姓的郡望與譜牒已經失去了政治上任官的作用，故血統的尊卑劃分也失去了意義，六朝以迄隋唐的「百家合譜」乃趨於沒落，所謂的「譜學」之性質與內容亦隨之轉變。在這種情況下，族譜再重新開始被注意，惟在喪失其原有作用後，乃成為宋代宗族組織結合血緣族群的工具。

宋代的族譜，性質是聯繫、強化同宗集團；體例是記載子孫繁衍、分派、成長；內容則為族內的活動及關係如祭祀、選舉、義田義莊管理、義塾經營、宗規等，危及宗族者會被擯斥於譜外。族譜編成之後，每隔一段時間就要進行續修。宋人很看重續修族譜，認為是「敬宗收族」的重要工具，甚至將其視作對祖先的一種孝道，故蘇洵說：「三世不修譜，則同小人矣。」至此，新的譜牒學與新的宗族組織結合，歐陽修和蘇洵不約而同於仁宗時代提出新譜例，與范仲淹建立「義莊」的時間相若，正可反映宋代士大夫對家族的關心與時代的關係。

　　宋代的士族和官僚既不如唐代或以前的世族一般，在政治上得到九品官人法保障，在經濟上有莊園、部曲和佃農等支持，個人或家族的盛衰只有依賴君主和朝廷；加上均田制破壞以後，宋代政府「不立田制」，准許土地自由買賣，故「貧富久必易位」，社會流動較大。因此，能注重子弟教養的家族，以之投身科第，畢竟較一般暴起暴落的豪族，會有較持久的家聲；惟能教養子弟的書籍、師資、應考科舉的路費等等，均需要龐大資金，於是建立族產以作收族，並以之教養子弟應付科舉、祈使宗族得以維持的組織乃應運而生。范仲淹因為幼年喪父，母親改嫁朱氏，故個人感受特別深；加上受「累世義居」風氣的影響，為官後遂於蘇州故里長洲、吳縣買田千畝，號曰「義田」，將每年所得的租賦贍養同宗族人，計口供給衣食、教學、婚嫁、喪葬之用，號為「義莊」，並設有義塾。他又於各房中挑選一名子弟為族長，逐步訂定家族「規矩」，建立一種結合宗法、譜

系、家法的宗族組織,並得到官方的立法保障。「范氏義莊」的建立,成為宋代宗族組織公產的典範,以後不少官僚和士族相繼模仿。

現代的西方學者認為,宋代的家庭是一個「政治經濟單位」,和產業有密切的關係,因財產而成立,因財產分散而解體,「治家」成為士大夫最重要的責任。「家」既然是一個政治經濟單位,故「聚族而居,共炊一爨」的大族是一家,而已分家產的小家庭也是一家。「義莊」、「義田」的經濟性格,正反映宋代的「家」作為一政治經濟單位的情況,已推衍到宗族組織上。宋人因為隋唐的宗族組織和郡望等觀念已經崩解,於是開始尋求建立新的模式,宗法、譜牒、家廟等脫離其舊有形態,轉化為新的宗族制度,而強調以族產收宗睦族的范氏義莊遂成為宋元以後中國盛行的宗族組織。不過,這個過程是緩慢的。

懷忠里與明招山──呂氏宗族墓地

要了解河南呂氏的宗族組織及其互助活動，應先確定每支族人的居住地，然後考察他們之間的交往關係。不過，一個士族的各房宗人，會因為任官、謀生及其他種種的生活需要，隨時及多次遷移居住地，加上史料不全，我們根本無法精確掌握其情況。從可考的族人而言，我們大約知道宋初呂蒙正一支活躍於首都開封和洛陽，呂夷簡一支則在首都及壽州；南渡後呂夷簡後人呂好問一房在浙江一帶，呂宗簡後人呂廣問一房則在安徽，但詳情不太清楚。

我們或可改從墳塋墓地窺見呂家的宗族關係。案祭祖是中國人的傳統習俗，而宗法強調的是共祖的血脈關係，故一個家族的重心，活著的是本族的族長，去世的則為同宗的祖先。墓祭在春秋時代已見端倪，西漢末年「上塚」已成為團

結宗族的一種手段,而清明掃墓的習俗則在唐代
形成。到了宋代,士庶家族盛行墓祭,祭祀祖先,
敬尊長、明尊卑,向族人灌輸宗法倫理,已經是
當時收宗睦族的主要手段。據孟元老《東京夢華
錄》(1147 年成書)記載,北宋末年首都汴京的
情況,自清明節開始三天,士民「皆出城上墳」。
因此,如果宗族關係親密,必會同祀祖墳,甚至
有共同的家族墓地,是以韓琦要使其家族不墮,
乃搜訪先人的墳地所在,並加重修。

根據王安石弟王安禮 (1034～1095) 撰寫的
〈呂公綽行狀〉記載:「自(公綽)高祖以上葬太
原,曾祖以下葬開封新鄭縣神崧鄉懷忠里。」可
見呂氏第一、二代的呂韜及呂夢奇葬於山西太原,
即其祖籍之地,而自呂龜祥起他這一支便葬於開
封。王安禮沒有提及呂龜圖的葬地,故據此我們
無法了解呂龜圖、呂龜祥以後兩支族人的關係;
不過就呂龜祥一代而論,他們的父親呂夢奇及祖
父呂韜都葬於太原祖墳墓群,則呂龜圖及呂龜祥

兄弟二房的關係應該很親密。

　　呂龜圖究竟葬在那裡？富弼寫的〈呂蒙正神道碑〉未記其父親的墓地所在，只說呂蒙正葬於洛陽縣金石鄉奉先里；洛陽是呂蒙正的祖籍，祖父、曾祖父和他自己既然長眠於此，可推想父親呂龜圖也不會例外。無論如何，呂蒙正葬於洛陽，與其堂弟呂蒙亨的墳地不同，可見呂氏至第四代末第五代開始，呂夷簡一支（稱為「北宅」）與呂蒙正子孫一支（稱為「南宅」）的關係應開始疏遠。但那時是家族發展的前期，族人繁衍有限，故各房之間仍有一定聯繫，呂蒙巽第三女的情況就是最好的例子。原來呂蒙正與堂弟呂蒙巽素來友愛，他在朝中擔任宰相，遂留呂蒙巽在首都居住，呂蒙正每次見到這個堂姪女都覺得她很特別；而呂蒙巽兄長呂蒙亨的兒子呂夷簡當時帶領呂氏子弟勵志於學，這個堂妹年紀尚小，卻很喜歡讀書，於是跟隨他們學習，「汎通詩書百家之學」。很明顯，這個時候呂蒙正與呂蒙亨和呂蒙巽兄弟

往來甚密。

呂蒙正「南宅」後人因為仕途不顯，墳地多已不見於記載。至於呂蒙亨「北宅」一支，呂夷簡夫婦，其子呂公綽、呂公弼、呂公著及呂公綽子呂希道夫婦等也都葬於河南鄭州的神崧鄉懷忠里；而最新發現的資料更顯示，呂夷簡曾孫（即「問」字輩，例如「家賊」呂嘉問）及呂公著兄弟等人的曾孫（即「中」字輩，例如呂嘉問兒子呂建中兄弟等）亦有不少人葬在這裡。由此來看，自呂龜祥至呂蒙亨、呂夷簡、呂公綽、呂希道、呂嘉問及呂建中等七代都是葬於懷忠里，這裡已是其家族墓地。

至於呂夷簡弟呂宗簡的一房，據後來呂廣問的〈墓誌銘〉記載，其父親呂希朴、祖父呂公雅及曾祖父呂宗簡也是葬於懷忠里(新發現的考古資料和史料也證實了)，到南宋時因呂廣問遷居寧國府太平縣（今安徽省黃山市），夫婦及兄弟才改葬在附近的長壽鄉古城山。所以，大抵在南渡以前，呂

蒙正一支葬於洛陽，與呂夷簡及呂宗簡一支關係較疏；而呂宗簡和呂夷簡兩房則同眠於鄭州懷忠里的家族墓地，故他們兩房的關係應該較為親厚。

宋室南渡後，呂夷簡一房已無法歸葬河南鄭州，其後人多移居浙江及江西一帶，故他們的墳地也遷至南方，而婺州武義縣明招山就成為他們以後累世的新家族墓地。按呂氏族人葬於這裡輩分最高的，是呂公著之孫、即呂本中父親呂好問。呂好問自偽楚蒙汙退隱後，避走南方，最終在桂州去世，二十四年後乃改葬於明招山。從此，呂夷簡後人遷居於浙江一帶者，同樣都聚葬於明招山。

近年來，考古學家在明招山呂氏家族墓地的發掘工作，讓我們更清楚呂好問一房如何在婺州建立南渡後的家族墓地。原來，呂好問在桂林逝世時，子孫只將他臨時「稿葬」，其墓誌銘的方石早已預留了足夠的補刻空間，以待他日之用。很明顯，兒孫們是希望待時局安定後，再將呂好問的靈柩移歸其祖父輩和妻子王氏長眠的鄭州懷忠

里家族墓地;但最後因為朝廷和呂家已遷移南方,呂用中兄弟遂將父親移葬於明招山,是為新建宗族墓地的最高輩分者。

呂好問一房何以選擇明招山?這似乎跟呂弸中死於兒子呂大倫的官舍有關。呂大倫當時出任武義縣丞,父親跟他同住在衙門裡,呂弸中去世,呂大倫遂就近在明招山買了一塊地。那裡有座寺院叫明招寺,就是呂祖謙後來跟師友講學之處,寺院一方面可以撫慰亡魂,一方面喪家會付點錢給僧人,讓寺院幫他們守墓,這就是「墳寺制度」。由於當時呂好問暫葬於桂林,呂大倫遂在武義縣丞的任上,將父親葬於附近的明招山,希望他日可以同樣歸葬在鄭州的祖墳。後來呂弸中繼室文氏的靈柩也從桂林遷來明招山安葬,跟呂好問一樣,文氏「稿葬」於桂州佛寺的原因,仍然是希望將來回歸懷忠里。不過,現實是金人已控制華北,南宋偏安江左的大局已成,呂弸中已在明招山長眠,故文氏亦跟呂好問一樣,由子孫接

回明招山墓地，重回丈夫的懷抱。

　　文氏這次歸葬，呂大器乃將父親呂弸中改葬，和文氏同穴，雖然當時仍念念不忘鄭州懷忠里的祖墓，但似已有接受現實之意；而呂弸中父子及妻子的墓地聚攏於明招山，隱隱然已可看見呂氏家族各房之間靠攏之目的。原來，中國南方的大家族因為重視風水穴，很少將所有族人同葬於一個地方；北來的呂氏家族卻不一樣，他們在明招山建立多個墳塋，顯示的是一個宗族關係極為密切的家族墓地。此後，呂好問一房見於記載的後人都安葬在明招山，約共六代三十餘座墳墓，並直接稱為「祖塋」；而出身於南方福建莆田的方大琮 (1183～1247) 就根據風水的角度，指出呂氏子孫多壽命不長者，「亦祖山掘鑿太過也」。

　　據考古學家指出，呂夷簡在河南鄭州懷忠里的墓地已被發現，當時已經打造了一個七代的聚葬家族墓地，可惜暫未進行考古發掘，未知詳情。這一個家族墓地，在埋葬的時候是有嚴格規畫，

甚至將呂用中這一代的墓地也都預備好了，可以想像，如果北宋沒有滅亡，呂氏不會南遷，也不會有明招山的新墓地。果真如此，從呂夷簡至南宋各代的呂家後人，其宗族間的關係必然會很密切。

還有一個新發現最是有趣。我們在呂好問為懷忠里家族墓地所寫的〈墳域圖後集序〉得知，呂居簡夫妻竟然葬在這裡。呂蒙正一支的後人只有居簡夫婦長眠於呂夷簡墓側，原因是什麼？是因為呂居簡沒有子孫而由呂夷簡的後人收殮？抑或是呂居簡與呂夷簡兩支的後人親厚，故將其同葬於懷忠里的呂氏墓園？由於資料闕如，我們無法得知。或許，這也反映宋代的新宗族組織仍在構建之中，規制並不齊一；但「南宅」的呂居簡葬於「北宅」呂夷簡一支的家族墓地，多少也反映了呂氏家族的宗親關係與宗族互助的情況。

字輩排行與宗族組織

　　宋代士族著意收宗睦族，故明祖辨宗的「字輩」就開始流行起來，家譜亦從貴族的殿堂走進了民間的家戶。著名的日本宗譜學者多賀秋五郎（1912～1990）認為，命名排行，具有表示宗族內部縱與橫的人倫輩分關係。的確，要不忘祖根，讓子孫團結互助，就必須了解自己是何人之後、來自那裡，故取名時要講究字輩，同族同宗者的關係一目了然。

　　宋代對譜學有深入研究的王明清（約 1127～1202）提到呂氏家族的情形：

> 東萊呂氏，文穆（蒙正）家也。文穆諸子，文靖（夷簡）兄弟也，名連簡字。簡字生公字，公字生希字，希字生問字，問字生中字，中字生大字，大字生祖字。

事實上，呂蒙正一支與呂夷簡一支前五代均以同字排輩，合於宗法，故其關係親密；但呂蒙正眾孫及曾孫以「昌」字及「仲」字排輩，與呂夷簡、呂宗簡後人不同，可見他們的關係已漸疏。至於呂夷簡、呂宗簡為親兄弟，兩房五代排輩之字號亦相同，正反映呂夷簡與呂宗簡兩房較與呂蒙正一支親密；而到了「中」字輩以後，呂氏族人有史料可尋者，只剩下呂公著的後人，雖無法知道其餘各支各房的情況，但「中」字輩後人各房則同樣以「大」、「祖」、「年」、「之」和「克」字順序排輩命名，直至宋亡，仍可窺見其宗族組織和關係。

還有一點要補充，如果我們細讀考古學家在明招山發掘出來的多塊呂氏族人墓誌銘，會發現其中不少的譜系非常混亂，族人間的關係難以弄清。箇中的主要原因是「過繼」導致的，這在呂氏各房之間並不罕見。案宋代的宗族制度自然是以父系血緣關係構成，對一個成年男性而言，必

須有人來繼承其宗祧，如因為種種問題而沒有親
生兒子嗣立，就必須以同姓「昭穆」（即宗族的輩
分）相當者過繼，這在宋朝的法令有很明確的規
定。宗祧繼承的主要目的，一方面是維持正常的
家庭生活，養老送終；另一方面是延續香火，祭
祀祖先。兩者當中，後者尤為重要。自呂祖謙以
後，其族人多有享壽不長者，各房之間過繼承續
香火，是家族綿延的最重要者，也是宗族互助最
顯見的蹤跡。

關於呂家的宗族組織，史料記載不多，但宋
人筆記有一則異聞提到，呂夷簡在京師榆林巷的
大宅住有族人數千，遇上朔望時節舉行家族聚會，
天快亮時兒孫輩就須先行集合，等待尊長到來。
當時呂公雅只有十八歲，因為元日早起準備赴會，
命小婢手持燈籠前行開路，黑暗中竟遇上奇形異
服的瘟鬼。瘟鬼知道呂公雅是貴人，慌忙走避，
隱身牆壁而沒，後來家人都染疫生病，只有呂公
雅一人無恙。故事自身是宣揚呂家傑出人物的天

命傳說，卻可反映其宗族組織的實況：呂家各房聚宗而居，呂公雅跟隨父親呂宗簡居於伯父呂夷簡的大宅，起居生活都嚴行長幼尊卑之序。族長呂夷簡領轄族人，去世後則由長子呂公綽主持，明顯是實行「宗子之法」。這種宗族組織以宗子照顧族人，以嚴格的祖先祭祀及家禮維繫宗族的向心力，更為族人提供實質的幫助，前章提及他們多將「任子恩」推與族人及以俸祿賑濟同宗者就是例子，而呂家與范氏義莊相似，都是同居共財的大家庭。除了呂夷簡與呂宗簡兄弟這個例子外，史載「呂希哲居京師舊第，與眾共財，一毫不取，皆推與眾」。

　　北宋時代呂家的宗族互助未算完備，宗族組織只是隨著各支轉徙各地而設立，以維繫本房生計。因為呂氏族人多有在外當官者，其直系至親乃隨之而往，他們各支都有自己的宗族組織進行互助，如呂好問居於宿州，「上要奉養父母雙親，下要照顧族人數百口」；呂廣問居於宿州符離，兄

弟倆亦「奉養雙親至孝，族人數百口聚居，沒有閒言」。宋室南渡後，呂祖謙等遷居婺源，其文集中提到〈宗法條目〉，列有祭祀、省墳、婚嫁、生子、租賦、家塾、飲食、衣服、束脩、合族、慶弔、送終、會計等規矩，可見呂氏家族受到宋代士族流行設立義莊的影響，亦開始有更嚴密的宗族組織。

宋代的宗族組織強調「收宗睦族」，主要的方法是「養」和「教」。因此，除了經濟上的支持外，創立家族義學給予族人進行教育，也是宗族互助和發展的有效方式。事實上，為了讓後世子孫得到名師教養，應付科舉，保證家勢不墮，呂氏家族也營建書院等宗族組織。我們說過，富弼幼時家貧，得呂蒙正照顧，到其家裡的書院與呂蒙正諸子一同學習，供給甚厚。蓋呂蒙正自幼為父親遺棄，貧窮潦倒，讀書和備試都仰給於寺院，孤苦可憐；他登第起家後自然深明科舉及宗族的關係，家中便建有書院供子弟讀書，作為族人學

習生活及參與科舉考試的經濟支持。前面提到，除堂姪呂夷簡外，呂蒙巽三女也在其中，女性族人能在家塾裡讀書識字，書院的規模及收宗之目的昭然可見。後來呂氏兒孫廣眾，分支愈多，不少外放任官的均於寄居處設有此類組織，延聘名師，教育子弟，如呂公著、呂希純父子在潁州築有「焦館」，禮待大儒焦千之。

南宋時呂氏宗學更為發達，呂大倫於紹興十五年 (1145) 為武義縣縣丞時，與堂兄呂大器、呂大猷及呂大同等「築堂於廳之西」，稱為「豹隱堂」，「以與兄弟講習道義於其間」。呂祖謙在金華設立的「麗澤堂」則更為著名，這本來是呂祖謙與朋友講學之地，但呂氏子弟亦多從學其中，如呂祖儉就「受業祖謙如諸生」。《呂祖謙文集》的〈宗法條目〉中，亦有宗學之設。呂氏號為「中原文獻之傳」，族人多有登第使家勢不墮者，設立族塾義學這個因素很重要，如呂夷簡父親呂蒙亨「無祿早世」，但呂夷簡少時還能帶領「諸子弟屬志於

學」，日後更有大成，正可反映呂氏宗學之力。

　　至於藏書方面，呂氏家族累代為官，學者輩出，這方面根本無須、也沒有詳載，「中原文獻之傳」已經是最好的註腳。不過，周紫芝 (1082～1155) 曾記述呂廣問登第後出任婺源主簿，挈帶兄長呂和問一起同往，於麻川之上買地築屋，鑿山疏泉，種藥栽花，建立園亭，其中更有「卷書閣」，生活悠然。這多少可以反映呂氏家族的文化意趣。開禧三年 (1207)，朝廷將呂祖謙祖父呂弸中租住過的金華城內廢地公屋改建為紀念呂祖謙的祠堂，內設「藏書閣」，又建「麗澤書院」，這已經是呂祖謙逝世後二十六年的事了。這樣一個根基深厚又枝藤互攀的大族，自能經得起風浪。

家訓、家法與家風

　　呂氏既有宗族組織，則自應編有譜牒以維繫族人。據尤袤 (1127～1194)《遂初堂書目》載「姓

昏類」有《三院呂氏世譜》，河南呂氏即為其中之
一；不少史料也提到有《呂氏家傳》，可知其家譜
牒記之傳。可惜經歷戰亂與朝代變革，這些譜牒
都已散佚。

其實呂家子孫一向重視保存祖先的著作遺
物，如呂蒙正死後，兒子呂從簡就將其文集獻上
朝廷。南宋年間，周必大還可以在呂祖平家裡看
到其六世祖呂夷簡及五世伯祖呂公弼的帖子；呂
企中得曾祖呂公著文集，囑託其從兄子呂大麟、
呂大虬考訂刊刪為二十卷，藏為家傳，他並收有
祖父呂希純的文集 ； 呂本中則作〈呂文靖公事
狀〉，詳記呂夷簡的事蹟。更有意思的是，呂夷簡
應考本州鄉舉的試卷，南渡後更為麗澤呂氏家塾
所珍藏，並有刊本。到了 1138 年，朝廷下令繪畫
功臣的畫像以祔祀於國家宗廟，其中呂夷簡之像
就是取自其家。凡此種種，均見呂氏家族宗人極
富歷史感，成員對過去的祖先和將來的子孫最為
負責，故其族講究家訓家法，也重視門風，這是

可想見的。

　　呂蒙正幼時雖為父親所棄，但貴顯後奉養雙親備至，其孝心受到時人讚頌；故「孝」遂為呂氏子孫所重，其中呂宣問尋母的事蹟最是感人。史稱呂宣問是呂蒙正「四世孫」，父親呂希圓在紹興年間出任洋州（今陝西省西鄉縣西）通判（從「問」、「希」二字輩，可見他應該是呂夷簡一房的後人），妾韓氏生呂宣問，六歲時辭去，不知所蹤。呂希圓去世後，其妻李氏與呂宣問相依為命。待呂宣問長大，四處訪尋生母，因為池陽（今陝西省三原縣）處於蜀人往來的通道，於是就請調到那裡出任錄事參軍，凡蜀客路經的都必託其打聽母親的生死下落。任期將滿時，有仙井（今四川省仁壽縣）的士兵楊俊向呂宣問報稱韓氏在那裡，由於李氏年邁無子，呂宣問不能棄她不顧而遠涉尋母，遂急求調任峽州（今湖北省宜昌市）推官，希望可以更接近蜀地。次年，呂宣問被徵召到荊門（今湖北省荊門市），經過當陽（今湖北

省當陽市）玉泉寺側的武安王廟，求夢得應，終於在仙井尋獲母親，兩人失散已有四十多年，至此母子相擁痛哭，左右的吏卒亦為之流涕。李氏當時八十三歲，韓氏亦已七十歲，呂宣問對生母孝、對養母義，不枉呂蒙正樹立的身教。

除重人倫孝道外，呂氏亦有家訓，如呂蒙正退居鄉里後，經常要兒子站在庭下聽取教誨。結果他們日夜互相警惕勉勵，沒有忘記父親的訓導，立身處世都謹慎自飭，人們都稱其為善人；其他孫兒和曾孫亦從父祖輩領受其教，沒有人敢不遵從，故呂蒙正的義訓在後代廣為流播。至於呂夷簡，也曾書「忠孝夫子之訓」十八字於門銘，遺教後人，其玄孫呂祖平即珍藏之。事實上，呂家累代為相，從政經驗豐富，呂蒙正著有《夾袋冊》，呂公著則有《掌記》，均為用世規模，是留給子孫最珍貴的遺產；至如呂本中《少儀外傳》及《童蒙訓》二書，更載有大量其祖呂公著、呂希道、呂希績、呂希純、呂希哲等人的身範和訓

誠，可見呂氏的家訓、家法、家教等，其目的和
作用很清楚，是要「導之以禮，示之以禮法，養
之以恩意，嚴肅遜悌之風，可以維持百年而不
息」。

呂氏的家規家教頗嚴，從現存的片言隻語可
窺一二。例如呂希哲提到家裡的舊規，「中表兄弟
甥婿到來時，以長幼次序就坐」，姐妹妯娌或妻子
的丈夫「比自己年長者就拜見，年少者就答拜可
也」。故其外弟楊瓖寶與他人談及呂希哲時，只稱
他為「內兄」或尊稱其官任「侍講」，不敢直呼其
字；同樣地，呂希哲兒子呂好問亦不敢直呼楊瓖
寶的名字。正因為如此，呂氏族人多能克守家規
家法，如呂蒙正孫呂昌辰家境雖然貧窮，卻不以
一毫取人，人亦不可以私利干求，至死時竟未能
負擔殮葬費用，其節操可見。朝廷制詔亦稱呂好
問「克守於家規」、呂大麟「素守家法，好學不
衰」；甚至族內婦女也能秉承祖訓，如呂蒙巽女
「幼見文字輒喜，於是汎通詩書之學」，長大後嫁

王珪伯父王覃,「治家亦有法,閨內肅然如宮廷」;
而呂聰問女兒更是貞烈,嫁錢受之為妻,靖康年
間遇上潰兵,「自投於水,以誓義不汙賊。」張九
成 (1092～1159) 即謂此「正合春秋之法」,是呂
夷簡之遺訓也。到了南宋末年,呂延年仍恪守呂
家重禮的傳統,林靖之就提到自己在地方任職時,
有婦人來投牒,因為吏員不在,他沒有細想就上
前接領,但同在幕府辦事的呂延年從後制止說:
「男女授受不親。」林即驚覺而停,常常稱道此
事並以之訓誨子孫。

呂氏既重家訓禮法,久而久之乃形成特殊之
家風門風,故章惇謂「呂公著素有家風」;而「敗
壞家法」者如呂嘉問,則被號為「家賊」。家訓、
家法與家風約束了呂氏族人的道德規範,至於其
家學至為深厚,獨得「中原文獻之傳」,使其族與
宋室相始終,第二章析述呂祖謙的生平時已詳細
說過,這裡就不再重複了。

落　幕

　　西元 1260 年，忽必烈 (1215～1294) 稱帝，改國號為「大元」，次年定都大都（今北京市），1279 年滅宋。正如史家指出，南宋末年的政治和軍事雖然很腐敗，經濟也極困弊，卻無必亡的內在原因。事實上，南宋並沒有特別昏暴的君主，也沒發生足以威脅朝廷的叛亂，故國家的滅亡主要是外在因素引致。當時蒙古鐵騎橫掃歐亞，戰無不勝，加上在中原利用女真和漢族的降將降人，訓練水師，改良戰術和武器，終於克服江南水道縱橫的困難，直搗臨安。雖然如此，蒙元滅宋仍然經過一段艱苦的過程。

　　理宗（趙昀，1205～1264）端平元年 (1234)，宋朝因為與金人世仇，聯蒙滅金，最後金哀宗（完

顏守緒，1198～1234）在蔡州自殺，金亡。宋人
見河南空虛，遂出兵收復，結果蒙古兵聞訊返攻，
洛陽旋得旋失，窩闊臺（元太宗，1186～1241）
指責宋人敗盟，於是大舉伐宋，開啟了宋蒙戰爭。
從宋軍「端平入洛」，至 1279 年「崖山海戰」宋
室敗亡，足足長達四十六年。

　　在國家風雨飄搖之際，浙江婺州有一位呂家
後人，他因為擔心宋蒙戰爭的炮火，於是將家裡
祖先的祠堂先行遷移。這人名叫呂宜之，他是呂
本中兒子呂大猷的曾孫，自幼秉承「家學」，為人
稟性剛毅，正直守正，志氣軒昂；他又友愛宗族
和姻黨，對外則「待人接物，寒暑不倦」。呂宜之
以世家之後，努力讀書，本來打算投考科舉，可
惜不久染了眼疾，結果只有居家閉門不出，自號
「水村」，平靜地度過餘生。呂宜之雖然甘於淡
泊，但他一生儉約，結果也勉強營創了一間有幾
個房子的小屋，希望用來養老。想不到，現在戰
火瀰漫，呂宜之哀傷地看著先人的祠堂被迫搬徙，

前路茫茫，更未知鄉歸何處……最後觸景傷情，
積憂成疾，竟然一病不起。

　　呂氏家族自呂祖謙、呂祖儉兄弟以後，見於
史冊者已寥寥無幾。不過，浙江明招山呂氏家族
墓地發現的〈呂宜之墓誌銘〉，讓我們可以清楚看
見一個沒落大族，宗人仍然謹守家法，睦愛親黨，
以祖蔭力學應舉；可惜最後除了因為自己的頑疾
而被迫退隱外，更由於宋元易代時局動盪，甚至
連自己安老的家宅也要捨棄，叫人心酸。

　　已淡出朝廷中央政治的呂家，南宋滅亡後族
人散居各地，而婺州的呂家後人更趨衰落，出生
於當地的元代名臣學者吳師道 (1283～1344) 便
提及呂家的族譜、授官憑信及遺像等等，多為人
所購售，以至冒稱是其後代者比比皆是。幸而，
呂蒙正進封徐國公加食邑的誥詞，則仍為其「九
世孫某所藏」。

　　呂好問、呂弸中、呂大器和呂祖謙祖孫輩移
居婺源後，子孫遂在浙江、江西及安徽一帶繁衍；

其他旁系甚至遷移至湖北、山西、漳州、潮州等地，成為鄉居領袖，惟歷經宋元明清各代的世變，族屬發展的情況混亂不清。有人以為明清崛起的新安 （今安徽省徽州） 呂氏文學大族 （呂維祺〔1587～1641〕、呂履恆〔1650～1719〕、呂謙恆〔1653～1728〕等），其遠祖即是呂蒙正的兒子呂居簡，但其說未見有堅實的證據；至於後世所編修不同種類的呂氏族譜或家譜等，不少其實都是攀附偽託者，難於辨認。然而，這多少也反映呂家這類文化大族在移居地方後的深厚基礎與力量，不容小覷。有趣的是，後人因為未有細讀史料，竟忽略了呂氏家族在元朝的一個顯赫後人──呂端善。

據《元史》可知，呂端善是宋末元初大儒許衡 (1209～1281) 的弟子，卻未詳述其事蹟；不過，三度任職元朝史館的蘇天爵 (1294～1352) 替他寫了一篇神道碑，詳細交代了他的生平。原來呂端善的七世祖呂公緒，是呂公著的從兄弟。北

宋末年，呂公緒兒子呂希衍失掉其官封；呂希衍生子呂衡，金朝初年居於淪陷在女真人鐵蹄下的河南武陟（今河南省武陟縣），呂衡生了呂全、呂仝及呂价三人。其中呂全生呂庭，呂庭生呂佑，他就是呂端善的父親。元軍侵宋，呂庭避居河內，對兒子說：「你已經成人，應該自己求生。」呂佑於是越過難關險阻，由河南、山東再轉入山西，最後走到陝西，就在那裡定居下來。

　　忽必烈登位，起用呂佑為國子博士伴讀。呂端善後來跟隨大學者許衡遊學，元仁宗（愛育黎拔力八達，1285～1320）繼位後，他因功升任至翰林侍讀學士中奉大夫知制誥同修國史，1314 年以七十八歲高齡去世，葬於咸寧縣（今陝西省西安市）東陵鄉驪山，贈通奉大夫陝西行省參知政事，追封「東平郡公」，諡「文穆」。呂端善有三個兒子，長子呂杲早逝，次子呂果死後贈中議大夫，呂楨則知禮州（今四川省西昌市北）；孫三人，呂曾、呂著、呂魯均出仕；曾孫男二人，呂

公直、呂公肅俱補國子員。其餘後人就不再見於
史傳。

呂蒙正由科舉崛興，位極人臣，諡「文穆」；
三百年後，其裔孫呂端善在異族統治下，憑藉深
厚的家學傳統，仍然獲諡「文穆」，由此可見這個
高門大族的政治與文化韌力。而透過當世最受大
眾喜愛的娛樂表演——雜劇，「風雪破窯」的故事
也一直傳流至今天，千載以下，呂氏家族的史事
與傳說最是迷人。

呂蒙正故事流傳千載的原因，跟科舉制度的
發展與影響息息相關。自宋代以後，民間流行「人
生四大喜事」的說法：「久旱逢甘雨，他鄉遇故
知，洞房花燭夜，金榜題名時。」而中舉與結婚
更是重要，所謂「大登科」與「小登科」也。元
雜劇《李雲英風送梧桐葉》第三折〈耍孩兒〉就
道盡其中的榮譽與歡樂：

　　歡聲鼎沸長安道，得志當今貴豪。小登科

接著大登科，播榮名喧滿皇朝。始知學乃
身之寶，惟有讀書人最高。宮花斜插烏紗
帽，紫袍稱體，金帶垂腰。

科舉成為士人發跡的主要階梯，隨登第而來的榮
譽、權力和財富更令其家庭和宗族受惠。讀書入
仕才是正途，也是維繫一家、一族的必須手段，
新宗族組織的形成也因而受到影響，「收宗睦族」
的一個重要方法，就是協助族人讀書，投資科舉，
待其登第後又再反哺本宗，循環往返，壟斷了上
層階級，形成明清時代的「士紳」階層，改變了
中國傳統社會的結構。

今天的世界是一個開放和多元的社會，只要
有真材實料，同時把握好時機，任何人都可以出
人頭地，良緣或亦隨之降臨。不過，要在急促發
展和變幻莫測的社會中突圍而出，公平公正的競
爭環境和個人的知識修養仍然是必要的條件，中
國自宋代以來確立的科舉考試制度和讀書入仕的

故事，到今天仍然有令人共鳴之處，「萬般皆下品，唯有讀書高」更是不少父母對子女的期望。特別是出身貧困、社會背景低下、人脈關係不多者，「家貧→中舉→良緣→升官發財」這種民間記憶，至少可以激勵發奮的甜夢，盼望自己成為另一個呂蒙正。

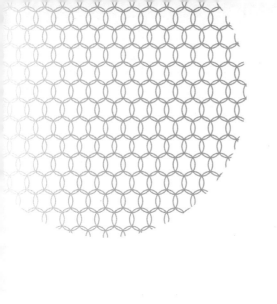

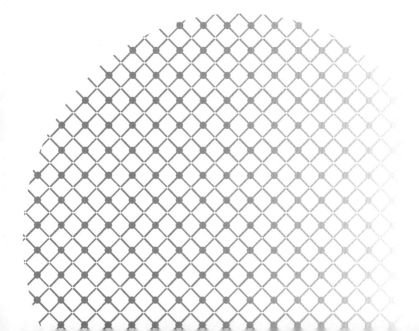

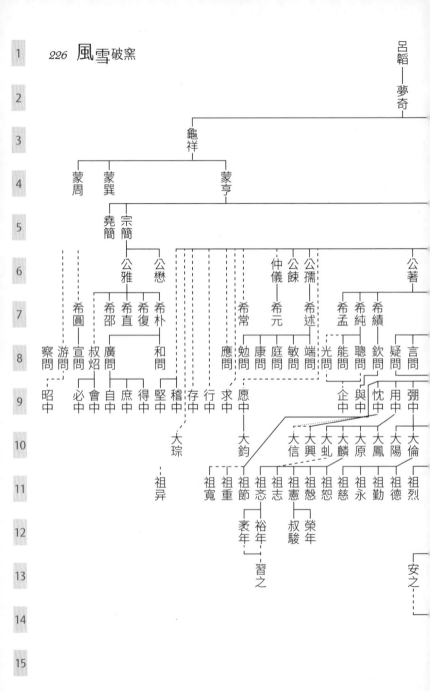

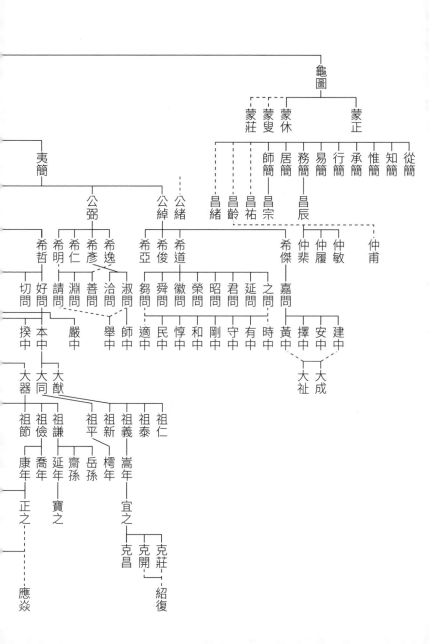

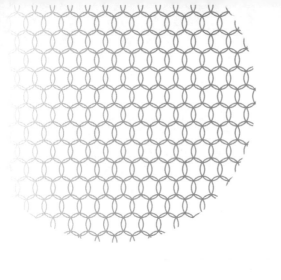

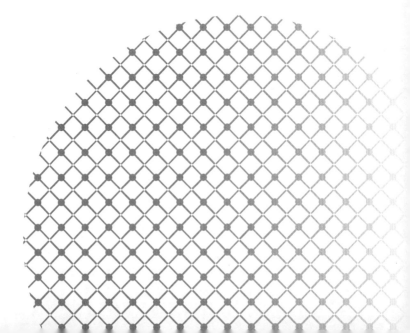

延伸閱讀書目

一、中文專著

1. 方建新、徐吉軍，《中國婦女通史・宋代卷》，杭州：杭州出版社，2011 年。

2. 王善軍，《宋代宗族和宗族制度研究》，北京：人民出版社，2018 年。

3. 王善軍，《宋代世家個案研究》，北京：人民出版社，2019 年。

4. 王章偉，《近世社會的形成——宋代的士族與民間信仰（上）》，新北市：花木蘭文化出版社，2017 年。

5. 王瑞來，《天地間氣——范仲淹研究》，太原：山西教育出版社，2015 年。

6. 柳立言、黃進興、劉錚雲、黃寬重編，《中國近世家族與社會學術研討會論文集》，臺北：中央研究院歷史語言研究所，1998 年。

7. 孔東，《宋代東萊呂氏之族望及其貢獻》，新北市：臺灣商務印書館，1988 年。

8. 毛漢光，《中國中古社會史論》（二版），臺北：聯經出版事業公司，2021 年。

9. （美）田浩，《朱熹的思維世界》（增訂版），臺北：允晨文化實業股份有限公司，2008 年。

10. （日）衣川強著，鄭樑生譯，《宋代文官俸給制度》，新北市：臺灣商務印書館，1977 年。

11. （美）伊沛霞著，范兆飛譯，《早期中華帝國的貴族家庭——博陵崔氏個案研究》，上海：上海古籍出版社，2011 年。

12. （美）伊沛霞著，胡志宏譯，《內闈——宋代的婚姻和婦女生活》，南京：江蘇人民出版社，2004 年。

13. 朱瑞熙，《宋代社會研究》，河南：中州書畫社，1983 年。

14. （日）吾妻重二著，吳震編，吳震、郭海良等譯，《朱熹〈家禮〉實證研究》，上海：華東師範大學出版社，2012 年。

15. 杜海軍，《呂祖謙年譜》，北京：中華書局，2007 年。

16. 李弘祺，《宋代教育散論》，臺北：東昇出版事業有限公司，1980 年。

17. 李弘祺，《宋代官學教育與科舉》，臺北：聯經出版事業公司，1994 年。

18. 李超，《南宋寧宗朝前期政治研究》，上海：上海古籍出版社，2019 年。

19. 李貴祿，《北宋三槐王氏家族研究》，濟南：齊魯書社，2004 年。

20. 何冠環，《北宋武將研究續編》，新北市：花木蘭文化出版社，2016 年。

21. 何冠環，《宋初朋黨與太平興國三年進士》（修訂本），上海：中西書局，2018 年。

22. 何冠環，《宮闈內外──宋代內臣研究》，新北市：花木蘭文化出版社，2018 年。

23. 何淑宜，《香火──江南士人與元明時期祭祖傳統的建構》，新北市：稻鄉出版社，2009 年。

24. （美）何炳棣著，徐泓譯，《明清社會史論》，臺北：聯經出版事業公司，2013 年。

25. （美）柏文莉著，劉雲軍譯，《權力關係──宋代中國的家族、地位與國家》，南京：江蘇人民出版社，2015 年。

26. 柳立言，《宋代的家庭和法律》，上海：上海古籍出版社，2008 年。

27. 柳立言主編，《近世中國之變與不變》，《第四屆國際漢學會議論文集》，臺北：中央研究院，2013 年。

28. 姚紅，《宋代東萊呂氏家族及其文獻考論》，北京：中國社會科學出版社，2010 年。

29. 浙江省武義縣政協文史資料委員會編，《呂祖謙與浙東明招文化》，北京：社會科學文獻出版社，2006 年。

30. （日）宮崎市定著，宋宇航譯，《科舉》，杭州：浙江大學出版社，2018 年。

31. 孫國棟，《唐宋史論叢》（增訂版），香港：商務印書館，2000 年。

32. 徐儒學，《婺學之宗——呂祖謙傳》，杭州：浙江人民出版社，2005 年。

33. （日）清水盛光著，宋念慈譯，《中國族產制度考》，臺北：中國文化大學出版社，1986 年。

34. 梁天錫，《宋代祠祿制度考實》，香港：龍門書店，1978 年。

35. （美）許曼著，劉雲軍譯，《跨越門閭——宋代福建女性的日常生活》，上海：上海古籍出版社，2019 年。

36. 張邦煒，《婚姻與社會——宋代》，成都：四川人民出版社，1989 年。

37. 張邦煒，《宋代婚姻家族史論》，北京：人民出版社，2003 年。

38. 陳其南，《家族與社會——臺灣和中國社會研究的基礎理念》，臺北：聯經出版事業公司，1990 年。

39. 陳開勇，《宋代開封——金華呂氏文化世家研究》，北京：中國社會科學出版社，2010 年。

40. 陳義彥，《北宋統治階層社會流動之研究》，臺北：嘉新水泥公司文化基金會，1977 年。

41. （美）Arthur F. Wright 等著，陶晉生等譯，《唐史論文選集》，臺北：幼獅文化事業公司，1990 年。

42. 陶晉生，《北宋士族——家族・婚姻・生活》，臺北：中央研究院歷史語言研究所，2001 年。

43. 陶晉生，《宋遼金元史新編》，新北市：稻鄉出版社，2008年。

44. 游彪，《宋代蔭補制度研究》，北京：中國社會科學出版社，2001 年。

45. 曾瑞龍，《宋朝史論》，香港：強記出版社，1989 年。

46. 黃萍瑛，《臺灣民間信仰「孤娘」的奉祀——一個社會史的考察》，新北市：稻鄉出版社，2008 年。

47. 黃寬重，《宋代的家族與社會》（修訂二版），臺北：東大圖書公司，2020 年。

48. 黃寬重，《藝文中的政治——南宋士大夫的文化活動與人際關係》，新北市：臺灣商務印書館，2019 年。

49. （美）賈志揚，《宋代科舉》，臺北：東大圖書公司，1995年。

50. 楊松水，《兩宋壽州呂氏家族著述研究》，合肥：黃山書社，2012 年。

51. （美）蔡涵墨，《歷史的嚴妝——解讀道學陰影下的南宋史學》，北京：中華書局，2016 年。

52. 潘富恩、徐餘慶，《呂祖謙思想初探》，杭州：浙江人民出版社，1984 年。

53. 潘富恩、徐餘慶，《呂祖謙評傳》，南京：南京大學出版

社，1992年。

54. 歐陽炯，《呂本中研究》，臺北：文史哲出版社，1992年。

55. 鄧嗣禹，《中國考試制度史》，臺北：學生書局，1967年。

56. 劉子健，《歐陽修的治學與從政》，臺北：新文豐出版公司，1984年。

57. 劉欣，《宋代家訓與社會整合研究》，昆明：雲南大學出版社，2015年。

58. 劉昭仁，《呂東萊之文學與史學》，臺北：文史哲出版社，1986年。

59. 劉靜貞，《皇帝和他們的權力——北宋前期》，新北市：稻鄉出版社，1996年。

60. （美）戴仁柱著，劉廣豐、惠東譯，《丞相世家——南宋四明史氏家族研究》，北京：中華書局，2014年。

61. 魏峰，《宋代遷徙官僚家族研究》，上海：上海古籍出版社，2009年。

62. 羅瑩，《宋代東萊呂氏家族研究》，北京：人民出版社，2011年。

63. 鐵愛花，《宋代士人階層女性研究》，北京：人民出版社，2011年。

二、日文專著

1. 大澤正昭，《唐宋時代の家族‧婚姻‧女性——婦は強く》，東京：明石書店，2005 年。

2. 井上徹、遠藤隆俊編，《宋—明宗族の研究》，東京：汲古書院，2005 年。

3. 衣川強，《宋代官僚社會史研究》，東京：汲古書院，2006 年。

4. 多賀秋五郎，《中國宗譜の研究》，東京：日本學術振興會，1981 年。

5. 荒木敏一，《宋代科舉制度研究》，東京：同朋社，1969 年。

6. 梅原郁，《宋代官僚制度研究》，東京：同朋社，1985 年。

三、英文專著

1. Ebrey, Patricia B., *Family and Property in Sung China: Yuan Ts'ai's Precepts for Social Life*, Princeton: Princeton University Press, 1984.

2. Ebrey, Patricia B. & Watson, James (eds.), *Kinship Organization in Late Imperial China, 1000–1940*, Berkerly, Los Angeles & London: University of California Press,

1986.

3. Ebrey, Patricia B., *Chu Hsi's Family Rituals: The Twelfth-Century Chinese Manual for the Performance of Cappings, Weddings, Funerals and Ancestral Rites*, Princeton: Princeton University Press, 1991.

4. Ebrey, Patricia B., *Confucianism and Family Rituals in Imperial China: A Social History of Writing about Rites*, Princeton: Princeton University Press, 1991.

5. Ebrey, Patricia B., *Women and the Family in Chinese History*, London and New York: Routledge, 2003.

6. Hymes, Robert P., *Statesmen and Gentlemen: The Elite of Fu-Chou, Chiang-Hsi, in Northern and Southern Sung*, Cambridge: Cambridge University Press, 1986.

7. Kracke, E. A. Jr., *Civil Service in Early Sung China, 960–1067*, Cambridge, Mass. & London: Harvard University Press, 1953.

8. Liu, Wang Hui-chen, *The Traditional Chinese Clan Rules*, New York: J.J. Augustin Pub., 1959.

9. Menzel, Johanna M. (ed.), *The Chinese Civil Service*, Washington: D.C. Heath and Company, 1963.

10. Nivison, David & Wright, Arthur (eds.), *Confucianism in Action*, California: Stanford University Press, 1959.

11. Sorokin, Pitirim A., *Social and Cultural Mobility*, London: The Free Press of Glencoe Collier-Macmillan Ltd., 1959.

四、中文論文

1. 王章偉,〈試論張邦昌〉,《史潮》,新刊號,第 12 期（無出版年份）,香港中文大學聯合書院歷史學會,頁 10–26。

2. 王章偉,〈考試與平民社會〉,《政策透視學報》,創刊號,1991 年,頁 74–77。

3. 王章偉,〈宋代氏族婚姻研究——以河南呂氏家族為例〉,《新史學》,第 4 卷第 3 期,1993 年,頁 19–58。

4. 王章偉,〈從幾個墓誌銘看宋代河南呂氏家族中的婦女〉,載於楊炎廷編,《宋史論文集——羅球慶老師榮休紀念專輯》,香港：中國史研究會,1994 年,頁 132–143。

5. 王章偉,〈宋代新門閥——河南呂氏家族研究〉,載於王章偉,《近世社會的形成——宋代的士族與民間信仰》,上冊,新北市：花木蘭文化出版社,2017 年,頁 7–229。

6. 王德毅,〈呂夷簡與范仲淹〉,載於王德毅,《宋史研究集》,第 2 輯,臺北：鼎文出版社,1962 年,頁 119–184。

7. 左雲鵬,〈祠堂族長族權的形成及其作用試說〉,《歷史研究》,1964 年,第 5、6 期,頁 97–116。

8. 合肥市文物管理處,〈合肥北宋馬紹庭夫妻合葬墓〉,《文

物》，1991 年第 3 期，頁 26–38,70。

9. （荷）宋漢理 (Zurndorfer) 著，葉顯恩譯，〈《新安大族志》與中國士紳的發展〉，《中國社會經濟史研究》，1982 年，第 3 期，頁 55–73；1983 年，第 2 期，頁 43–56。

10. 宋三平，〈試論宋代墓祭〉，《江西社會科學》，1989 年第 6 期，頁 104–107。

11. 宋三平，〈宋代封建家族的物質基礎是墓祭田〉，《江西大學學報（社會科學版）》，1991 年第 1 期，頁 79–83。

12. 杜正勝，〈傳統家族試論〉上、下，《大陸雜誌》，第 65 卷第 2 期，1982 年，頁 57–84；第 65 卷第 3 期，頁 127–151。

13. 杜正勝，〈中國傳統社會的重心——家族〉，《歷史月刊》，1989 年，第 12 期，頁 48–58。

14. 李弘祺，〈絳帳遺風——私人講學的傳統〉，載於林慶彰主編，《中國文化新論——浩翰的學海》，臺北：聯經出版事業公司，1981 年，頁 343–410。

15. 李弘祺，〈科舉——隋唐至明清的考試制度〉，載於鄭欽仁主編，《中國文化新論——立國的宏規》，臺北：聯經出版事業公司，1987 年，頁 257–315。

16. 李弘祺，〈宋代的舉人〉，載於國際宋史研討會秘書處編，《國際宋史研討會論文集》，臺北：中國文化大學史學研究所，1988 年，頁 297–313。

17. 李弘祺，〈宋代社會與家庭——評三本最近出版的宋史著作〉，《清華學報》，第 19 卷第 1 期，1989 年 6 月，頁 191–207。

18. 何晉勳，〈宋代鄱陽湖周邊士族的居、葬地與婚姻網絡〉，《臺大歷史學報》，第 24 期，1999 年 12 月，頁 287–328。

19. 林岩，〈宋代舉子赴考的旅費問題〉，《中華文史論叢》，2012 年第 4 期，頁 123–152。

20. 周揚波，〈宋代家族史研究的創新〉，《華南師範大學學報（社會科學版）》，2011 年第 3 期，頁 18–24。

21. 洪業，〈半部論語治天下辨〉，《清華學報》，第 8 卷第 1、2 期合刊，1970 年，頁 306–327。

22. （美）柯睿格 (E. A. Kracke) 著，劉紉妮譯，〈中國考試制度裡的區域、家族與個人〉，載於中國思想研究委員會編，劉紉妮等譯，《中國思想與制度論》，臺北：聯經出版事業公司，1981 年，頁 123–161。

23. 柳立言，〈從官箴看宋代的地方官〉，載於國際宋史研討會秘書處編，《國際宋史研討會論文集》，頁 393–417。

24. 柳立言，〈書評：Beverly J. Bossler, *Powerful Relations: Kinship, Status, and the State in Sung China (960–1279)*〉，《臺大歷史學報》，第 24 期，1999 年 12 月，頁 433–443。

25. 柳立言，〈士人家族與地方主義：以明州為例〉，《歷史研究》，2009 年第 6 期，頁 10–18。

26. 柳立言,〈宋代明州士人家族的形態〉,《中央研究院歷史語言研究所集刊》,第 81 本第 2 分,2010 年,頁 289–364。

27. 柳立言,〈科舉、人際網絡與家族興衰：以宋代明州為例〉,《中國社會歷史評論》,第 11 卷,天津：天津古籍出版社,2010 年,頁 1–37。

28. 許懷林,〈「江州義門」與陳氏家法〉,載於鄧廣銘、漆俠主編,《宋史研究論文集》,1987 年年會編刊,河北：河北教育出版社,1989 年,頁 387–400。

29. 陳振,〈關於宋代的知制誥和翰林學士〉,載於鄧廣銘、漆俠主編,《宋史研究論文集》,1987 年年會編刊,頁 36–48。

30. 陶晉生,〈北宋幾個家族間的婚姻關係〉,載於中央研究院第二屆國際漢學會議論文集編輯委員會編,《第二屆國際漢學會議論文集·歷史與考古組》,臺北：中央研究院,1989 年,頁 933–943。

31. 陶晉生,〈北宋士人的起家及其家族之維持〉,《興大歷史學報》,1993 年,第 3 期,頁 11–34。

32. 陶晉生,〈北宋婦女的再嫁與改嫁〉,《新史學》,第 6 卷第 3 期,1995 年,頁 1–25。

33. 陶晉生,〈北宋士人的起家〉,載於第二屆宋史學術研討會秘書處編,《第二屆宋史學術研討會論文集》,臺北：中國

文化大學，1996 年，頁 61–78。

34. 楊果，〈翰林學士與宋代政治初探〉，載於鄧廣銘、漆俠主編，《宋史研究論文集》，1987 年年會編刊，頁 49–76。

35. 楊聯陞，〈科舉時代的赴考旅費問題〉，《清華學報》，第 2 卷第 2 期，1961 年，頁 116–128。

36. （美）詹森著，耿立群譯，〈世家大族的沒落——唐末宋初的趙郡李氏〉，載於（美）Arthur F. Wright 等著，陶晉生等譯，《唐史論文選集》，臺北：幼獅文化事業公司，1990 年，頁 231–339。

37. 鄭嘉勵，〈明招山出土的南宋呂祖謙家族墓誌〉，載於包偉民、劉後濱主編，《唐宋歷史評論》，第 1 輯，北京：社會科學文獻出版社，2015 年，頁 186–215。

38. 劉靜貞，〈呂祖謙的感情世界—宋代禮法與情性觀察之一例〉，《國學研究》，第 36 卷第 2 期，2015 年，頁 55–72。

39. 劉靜貞，〈唯家之索：隆祐孟后在南宋初期政局中的位置〉，《國際社會科學雜誌》，2016 年第 3 期，頁 41–51。

40. 廖咸惠，〈祈求神啟：宋代科舉考生的崇拜行為與民間信仰〉，《新史學》，第 15 卷第 4 期，2004 年，頁 41–92。

五、日文論文

1. 衣川強，〈宋代の名族——河南呂氏の場合〉，原刊於《神

戶商科大學人文論集》，第 9 卷第 1、2 期，1973 年，頁
134–166。

2. 佐竹靖彥，〈宋代の家族と宗族──宋代の家族と社會に
関する研究の進展のために──〉，刊於東京都立大學人
文學部編，《人文學報》，第 257 期，1995 年 3 月，頁 1–
49。

3. 青山定雄，〈宋代における華北官僚の婚姻關係〉，《中央
大學八十周年紀念論文集》，第 4 卷，東京，1965 年，頁
363–388。

六、英文論文

1. Ebrey, Patricia B., "Women in the Kinship System of the
Southern Song Upper Class", in Guisso, Richard W. &
Johannesen, Stanley (eds.), *Women in China*, New York:
Philo Press, 1981, pp. 121–122.

2. Ebrey, Patricia B., "Conceptions of the Family in the Sung
Dynasty", *Journal of Asian Studies*, Vol. 43, No. 2, 1984,
pp. 219–245.

3. Ebrey, Patricia B., "The Dynamics of Elite Domination in
Sung China", *Harvard Journal of Asiatic Studies*, Vol. 48,
No. 2, 1988, pp. 493–519.

4. Ebrey, Patricia B., "The Women in Liu Kezhuang's Family", *Modern China*, 10:4, October, 1984, pp. 415–440.

5. Ebrey, Patricia, B., "Shifts in Marriage Finance from the Sixth to the Thirteenth Century", in Watson, Rubie & Ebrey, Patricia B. (eds.), *Marriage and Inequality in Chinese Society*, Berkeley, Los Angeles & London: University of California Press, 1991, pp. 97–132.

6. Ebrey, Patricia B., "Women, Money, and Class: Ssu-ma Kuang and Sung Neo-Confucian Views on Women", 載於中央研究院歷史語言研究所出版品編輯委員會編,《中國近世社會文化史論文集》, 頁 613–669。

7. Ebrey, Patricia B., "Engendering Song History", *Journal of Sung-Yuan Studies*, Vol. 24, 1994, pp. 340–346.

8. Hartwell, Robert M., "Demographic, Political and Social Transformations of China, 750–1500", *Harvard Journal of Asiatic Studies*, Vol. 42, No. 2, 1982, pp. 354–442.

9. Kracke, E. A. Jr., "Family vs. Merit in Chinese Civil Service Examinations under the Empire", *Harvard Journal of Asiatic Studies*, X (1947), pp. 103–123.

10. Lee, Thomas H. C., "The Discovery of Childhood: Children Education in Sung China (*960–1279*)", in Sigrid Paul (ed.), "*Kultur*": *Begriff und Wort in China and Japan*, Berlin:

Dietrich Reimer Verlag, 1984, pp. 159–189.

11. Wang, C. K., "Lu Meng-cheng in Yuan and Ming Drama", *Monumenta Serica: Journal of Oriental Studies*, Vol. XXXVI, 1984–1985, pp. 303–408.

七、網上資源

1. 〈考古才子鄭嘉勵：武義明招山，一場理想主義者的族葬〉，網址見：http://zj.zjol.com.cn/news/135962.html。

2. 《合肥市志》（網頁版），卷 28，〈文化〉，第 8 章，〈文物〉，第 1 節，〈古墓〉，網址見：http://60.166.6.242:8080/was40/index_sz.jsp?rootid=58033&channelid=44443

3. 鄭嘉勵，〈考古所見之江南文化〉，網上資料，網址見：https://kuaibao.qq.com/s/20190303B0XFJ200?refer=spider。

圖片出處

彩色圖片

呂公弼書「子安帖」：國立故宮博物院藏

南宋刊刻呂本中《東萊先生詩集》：日本國立公文圖書館藏

臺灣電影《呂蒙正拋繡球》報紙廣告：國家電影及視聽文化中心藏

2020 年於臺北市大稻埕戲院登臺的《呂蒙正》，由河洛歌子戲團獻演：河洛歌子戲團提供

宋太宗立像：國立故宮博物院藏

宋真宗坐像：國立故宮博物院藏

宋仁宗坐像：國立故宮博物院藏

宋哲宗坐像：國立故宮博物院藏

宋徽宗坐像：國立故宮博物院藏

宋高宗坐像：國立故宮博物院藏

宋理宗坐像：國立故宮博物院藏

內文圖片

目次：「宋李唐清溪漁隱卷」，國立故宮博物院藏

圖 1：明代，王圻輯，《三才圖會》，萬曆刻本

圖 2：清代，顧沅輯，《古聖賢傳略》，道光十年刻本

圖 3：《浙江上虞呂氏宗譜》

圖 4：清代，顧沅輯，《古聖賢傳略》，道光十年刻本

圖 5：鄭嘉勵，〈明招山出土的南宋呂祖謙家族墓誌〉，載於包偉民、劉後濱主編，《唐宋歷史評論》，第 1 輯，北京：社會科學文獻出版社，2015 年，頁 187

圖 6：鄭嘉勵，〈明招山出土的南宋呂祖謙家族墓誌〉，載於包偉民、劉後濱主編，《唐宋歷史評論》，第 1 輯，北京：社會科學文獻出版社，2015 年，頁 199

圖 7：清藏殿本

圖 8～圖 19：本局繪製

圖 20：鄭嘉勵，〈明招山出土的南宋呂祖謙家族墓誌〉，載於包偉民、劉後濱主編，《唐宋歷史評論》，第 1 輯，北京：社會科學文獻出版社，2015 年，頁 204

蠻子、漢人與羌族

王明珂／著

夾在漢、藏之間的川西岷江上游，有一群人世代生息在這高山深谷中，他們都有三種身分：他們自稱「爾瑪」，但被上游的村寨人群稱作「漢人」、被下游的人們稱作「蠻子」。本書以當地居民的觀點，帶您看他們所反映出「族群認同」與「歷史」的建構過程。

粥的歷史

陳元朋／著

一碗粥，可能是都會男女的時髦夜點，也可能是異國遊子的依依鄉愁；可以讓窮人裹腹、豪門鬥富，也可以是文人的清雅珍味、養生良品。一碗粥裡面有多少的歷史？喝粥，純粹是為口腹之慾，或是文化的投射？粥之清是味道上的淡薄，還是心境上的淡泊？吃粥的養生之道何在？看小小一碗粥裡藏有多大的學問。

慈悲清淨──佛教與中古社會生活

劉淑芬／著

本書描繪中國中古時期（三至十世紀）在佛教強烈影響之下，人民生活的各個層面。雖然佛教對日常生活有相當的制約，但佛教寺院和節日，也是當時人們最重要的節慶和娛樂。佛教的福田思想，更使朝廷將官方救濟貧病的社會工作委託寺院與僧人經營。本書將帶您走入中古社會的佛教世界，探訪這一道當時百姓心中的聖潔曙光。

公主之死——你所不知道的中國法律史

李貞德／著

丈夫不忠、家庭暴力、流產傷逝——這是西元第六世紀一位鮮卑公主的故事。有人怪她自作自受，有人為她打抱不平；有人以三從四德的倫理定位她的角色，有人以姊妹情誼的心思為她伸張正義。他們都訴諸法律，但影響法律的因素太多，不是人人都掌握得了。在高舉兩性平權的今日，且讓我們看看千百年來，女性的境遇與努力。

流浪的君子——孔子的最後二十年

王健文／著

周遊列國的旅行其實是一種流浪，流浪者唯一的居所是他心中的夢想。這一場「逐夢之旅」，面對現實世界的進逼、理想和現實的極大落差，注定了真誠的夢想家必須永遠和時代對抗；顛沛流離，是流浪者命定的生命情調。

救命——明清中國的醫生與病人

涂豐恩／著

在三百年前，人們同樣遭受著生老病死的折磨。不同的是，在那裡，醫生這個職業缺乏權威，醫生為了看病必須四處奔波，醫生得面對著各種挑戰與詰問。這是由一群醫生與病人共同交織出的歷史，關於他們之間的信任或不信任，他們彼此的互動、協商與衝突。

情義與愛情——亞瑟王朝的傳奇

蘇其康／著

魔法師梅林、哈利波特的魔法世界、魔戒裡的精靈族、好萊塢英雄系列電影、英國的紳士風度，亞瑟王傳奇一千多年來啟發無數精彩創作，甚至對歐洲的社會文化造成影響。然而，亞瑟王來自何處？歷史上真有其人嗎？讀過亞瑟王，才能真正了解西方重要的精神價值，體會更多奇幻背後的文化底蘊！

妖怪、變婆與婚姻——中國西南的巫術指控

顏芳姿／著

在巫術與傳說盛行的中國西南地區，當地侗族流傳著稱為「變婆」的妖怪，他們活著的時候與一般人無異，死後卻成了令人恐懼的神秘力量。本書作者深入中國貴州，用親身經歷為我們打開侗族神秘的潘朵拉之盒，釐清「變婆」標籤下隱含的意義，看見妖怪與巫術的另一種面貌：它們並非單純迷信，而是一個社會區分「非我族類」的方法，也是幫助人們重拾生命的力量，拿回命運主導權的方式。

獅頭人身、毒蘋果與變化球——
因果大革命

王一奇／著

因果關係與我們的生活息息相關，我們總在因果判斷中尋找人生的方向及依靠，甚至大到國家政策的制定，都無法擺脫因果對我們過去、現在及未來的影響性。

所以我們需要認識「因果」！但有其「因」必有其「果」嗎？作者在書中靈活運用生活及科學實驗的例子，勾起我們正視思考的陷阱，探討因與果的必然性。您也想參透生活中難以辨明的因果關係嗎？不妨翻開這本書，「思考大革命」就要來了喔！

佛教與素食

康　樂／著

雖說「酒肉穿腸過，佛祖心中留」，但是當印度的素食觀傳入中國變成全面的禁斷酒肉，肉食由傳統祭祀中重要的一環，反成為不潔的象徵。從原始佛教的不殺生到中國僧侶的茹素，此一演變的種種關鍵為何？又是什麼樣的力量左右了這一切？

疾病終結者——中國早期的道教醫學

林富士／著

金爐煉丹，煉出了孫悟空的火眼金睛，也創造了中國傳統社會特有的道教醫理。從修身道士到救世良醫，從煉丹養生到治病救疾，從調和陰陽的房中術到長生不老、羽化升仙的追求，道教醫學看似神秘，卻是中國人疾病觀與身體觀的重要根源。

海客述奇——中國人眼中的維多利亞科學

吳以義／著

毓阿羅奇格爾家定司、羅亞爾阿伯色爾法多里……，這些文字究竟代表的是什麼意思——是人名？是地名？還是中國古老的咒語？本書以清末讀書人的觀點，為您剖析維多利亞科學這隻洪水猛獸，對當時沉睡的中國巨龍所帶來的衝擊與震撼！

女性密碼——女書田野調查日記

姜　葳／著

你能想像世界上有一個地方，男人和女人竟然使用不同的文字嗎？湖南江永就是這樣的地方。與漢字迥然不同的文字符號，在婦女間流傳，女人的喜怒哀樂在字裡行間娓娓道來，建立一個男人無從進入的世界。歡迎來到女性私密的文字花園。

國家圖書館出版品預行編目資料

風雪破窯：呂蒙正與宋代「新門閥」／王章偉著.——初版一刷.——臺北市：三民，2022
面；　公分.——（文明叢書）

ISBN 978-957-14-7458-8 （平裝）
1. (宋)呂蒙正 2. 家族史 3. 傳記

782.7　　　　　　　　　　　111007888

風雪破窯——呂蒙正與宋代「新門閥」

作　　者	王章偉
總 策 畫	杜正勝
執行編委	林富士
編輯委員	王汎森　呂妙芬　李建民　李貞德
	陳正國　康　樂　張　珣　單德興
	鄧育仁　鄭毓瑜　謝國興
責任編輯	翁子閔

發 行 人	劉振強
出 版 者	三民書局股份有限公司
地　　址	臺北市復興北路 386 號 (復北門市)
	臺北市重慶南路一段 61 號 (重南門市)
電　　話	(02)25006600
網　　址	三民網路書店 https://www.sanmin.com.tw

出版日期	初版一刷 2022 年 6 月
書籍編號	S620760
I S B N	978-957-14-7458-8

三民書局